AF476123

MINISTÈRE DE L'INSTRUCTION PUBLIQUE.

RAPPORTS
D'INSPECTION GÉNÉRALE

SUR

L'ACADÉMIE DE BORDEAUX.

(1880.)

PARIS.

IMPRIMERIE NATIONALE.

M DCCC LXXX.

RAPPORTS

D'INSPECTION GÉNÉRALE

SUR

L'ACADÉMIE DE BORDEAUX.

(1880.)

RF

DÉPARTEMENT DE LA GIRONDE.

1112

MONSIEUR LE MINISTRE,

Le département de la Gironde est, à n'en pas douter, l'un de ceux où l'instruction primaire est, sinon très florissante, au moins en grand honneur et en grand progrès. Il va sans dire qu'il doit cette sorte de prééminence à son chef-lieu. La ville de Bordeaux, habitée par une population riche, intelligente et de sentiments généreux, a très bien compris ses devoirs de métropole : depuis quelques années elle multiplie les sacrifices pécuniaires pour faire prospérer l'enseignement public à tous les degrés et sous toutes les formes; mais surtout elle n'épargne rien pour mettre le nombre des écoles primaires en rapport avec l'immense étendue des besoins et pour faire de ces écoles des établissements à tous égards modèles. Elle a maintenant 48 groupes scolaires, qui reçoivent, dans leurs 190 classes, environ 10,000 garçons et 5,000 filles, sans compter les 117 écoles libres, qui reçoivent environ 2,000 garçons et 8,200 filles, et les salles d'asile publiques ou libres, fréquentées par plus de 4,200 enfants [1]. Le réseau n'est pas encore complet, et d'année en année la municipalité fonde de nouvelles écoles, qui se remplissent à peine ouvertes. Il en reste encore 10 à créer, dont 4, dites

[1] Ces chiffres comprennent une circonscription composée de Bordeaux et de 5 communes suburbaines.

enfantines, recevront le trop-plein des classes inférieures déjà existantes. Cet ensemble est couronné par une école supérieure de filles et une école supérieure de garçons. Le personnel compte environ 200 maîtres ou maîtresses avec 48 ou 49 directeurs et directrices.

Il y a donc ici un vaste foyer qui rayonne sur tout le département, mais dont l'action, il faut bien le dire, semble diminuer à mesure qu'on s'éloigne vers les extrémités. La vie scolaire est intense à Bordeaux, à Libourne et dans le ressort immédiat de ces deux villes; elle est inégale, intermittente, faible dans une grande partie des autres arrondissements. A Bordeaux même, il s'en faut que l'instruction primaire ait atteint son développement normal; outre qu'il n'y a pas encore dans les écoles assez de place pour les besoins, elle en est encore, sur plusieurs points de grande importance, à chercher sa vraie mesure et ses vraies méthodes.

I. — Situation extérieure.

La situation extérieure de l'enseignement primaire est satisfaisante à peu près partout dans les six circonscriptions de la Gironde. En 1878, il y avait 838 écoles publiques; il y en a aujourd'hui 858, dont 387 de garçons, 367 de filles, 104 mixtes. Dans ce nombre les laïques comptent 352 écoles de garçons, 218 de filles, 96 mixtes; les congréganistes 35 écoles de garçons [1], 149 de filles, 8 mixtes, avec presque tous les asiles. L'enseignement libre comprend 313 écoles, dont 44 de garçons (25 laïques, 19 congréganistes), 265 de filles (153 laïques, 112 congréganistes) et 4 mixtes. En tout, 1,176 écoles avec 85,411 élèves (66,000 dans les écoles publiques, 19,401 dans les écoles libres), pour une population de 735,000 habitants, soit un peu plus de 11 p. 0/0. Le nombre des «illettrés», bien qu'impossible à marquer exactement, reste donc considérable. Il faut l'augmenter, si l'on veut avoir une vue réelle des choses, du chiffre élevé des enfants qui fréquentent trop irrégulièrement l'école pour en emporter une instruction durable. Dans le seul arrondissement de Libourne, par exemple, M. l'inspecteur Proteau n'évalue pas à moins de 1,500 le nombre des enfants de 6 à 13 ans qui sont restés complètement étrangers à l'école. Il résulte pourtant des informations directes que j'ai recueillies de divers côtés que l'assiduité des élèves inscrits est plus satisfaisante dans la Gironde que dans certains départements voisins; à Bordeaux même elle laisse peu à désirer. Les familles attachent du prix à l'instruction, en vue du profit matériel qu'en tireront plus tard les enfants.

Le mouvement en faveur de l'école laïque est assez marqué, non seulement à Bordeaux et dans quelques chefs-lieux, mais dans les communes rurales: il

[1] Au moment où ce rapport est livré à l'impression la situation a changé; le conseil municipal de Bordeaux a substitué deux écoles laïques aux écoles congréganistes.

s'étend aux écoles de filles aussi bien qu'à celles de garçons. J'ai lieu de croire que ce mouvement n'est pas artificiel; il tient moins à une opposition de tendances religieuses ou morales qu'au besoin très vivement senti d'un enseignement plus sérieux, garanti par des titres authentiques[1]. On ne s'en étonnera pas si l'on considère que, sur 159 instituteurs congréganistes (adjoints ou titulaires), 58 seulement ont le brevet simple, 1 le brevet complet; et que sur 183 institutrices congréganistes, 22 ont seules le brevet simple : en tout, une moyenne de 25 p. 0/0 brevetés dans l'enseignement ecclésiastique, tandis que la proportion, dans l'enseignement laïque, dépasse 99 p. 0/0. Voici, en outre, quelques chiffres qui se rapportent à des *substitutions* ou à des créations récentes.

A Bordeaux, 3 écoles congréganistes de garçons (1 de filles, 1 salle d'asile) transformées en écoles laïques. A Aveyres, Coutras, Lesparre, Bouscat, Barsac, Fronsac, Saint-Germain-du-Puch, Beautiran, Langon, transformation de 1 école, soit de garçons, soit de filles; à Libourne, de 2 écoles de garçons; à Gironde et à Cadillac, 1 de garçons, 1 de filles, 1 salle d'asile; à Guitres, 1 école de garçons et 1 salle d'asile.

La Réole, le Pian, Vérac, Grignols, la Teste, Saint-Trojan, Bazas, Salles ont créé des écoles laïques de filles; Coran (canton de Monségur) 1 école congréganiste de filles.

L'institution des *salles d'asile* se développe très peu, soit quant au nombre, qui ne dépasse pas 107 (5 de plus que l'année dernière), soit quant à la bonne direction. Le faible traitement attaché aux emplois de directrice en éloigne les laïques; et les congréganistes, qui ont environ 12,000 élèves sur 13,500, manquent en général des titres et des aptitudes que l'on requiert aujourd'hui. Il en est autrement de Bordeaux, où l'on distingue l'asile congréganiste de Saint-Bruno et l'école enfantine de la rue Nansouty que dirige une femme de mérite, Mlle Lanusson. Il résulte de la médiocrité générale de ces établissements, jointe à l'insuffisance du nombre, que les classes inférieures des écoles primaires sont partout encombrées d'enfants dépourvus de toute instruction et de bonnes habitudes intellectuelles.

Les *cours d'adultes* ne prospèrent pas non plus, comme on pourrait le croire d'après les chiffres de la statistique. On signale, il est vrai, une augmentation du nombre des cours et des élèves inscrits; mais en réalité l'institution est sans vie, et les résultats médiocres. A Bordeaux, les cours institués dans les écoles sont très mal suivis : il n'y a guère d'exception à faire que pour ceux de la Société philomathique, qui attirent l'élite des ouvriers et des employés de commerce; il est vrai qu'ils portent sur des sujets variés et d'utilité spéciale (langues vivantes, dessin,

[1] Les écoles laïques de nouvelle création sont aussi peuplées que les écoles congréganistes qu'elles remplacent.

comptabilité, etc.), entre lesquels l'élève choisit selon ses besoins ou ses goûts particuliers; que de plus ils sont faits par d'excellents professeurs, et qu'enfin les meilleures conditions matérielles ou techniques en assurent le succès. Il faut mentionner aussi les cours de Mlle Délia Soreph, fondés par le Cercle girondin de l'enseignement, qui continuent d'être fréquentés par des femmes de tout âge : mais là encore il faut tenir compte du mérite exceptionnel de la directrice, qui sait rallier autour d'elle des auxiliaires de bonne volonté. Cette clientèle, à tout prendre fort restreinte, d'adultes hommes et d'adultes femmes (moins d'un millier, si je ne me trompe) représente à peu près tout le contingent que le peuple des ouvriers et des employés de cette grande ville fournit spontanément à l'instruction du soir.

Qui ne reconnaîtrait là un fait de la plus haute gravité sociale! Il est donc vrai que, des 2,000 enfants de 12 ans qui arrivent chaque année au terme des études primaires (sans parler de ceux qui s'arrêtent en route ou qui restent absolument illettrés), la grande majorité n'emporte pas de l'école des goûts et des besoins qui l'y ramèneront plus tard! Presque tous, à partir de l'âge de 12 ans, échappent à une direction morale ou intellectuelle tant soit peu régulière. Les bibliothèques populaires, établies en assez grand nombre à Bordeaux, ne corrigent pas le mal; à y regarder de près, on découvre que le chiffre de leur clientèle est infiniment au-dessous de ce qu'on attendait; on lit très peu, et ce que lisent la plupart des ouvrières n'est guère fait pour perfectionner leur éducation. Mais le trait saillant, c'est le défaut même d'appétit de lecture, l'incapacité de prendre intérêt à quelque chose qui demande un effort intellectuel. Je n'insiste pas davantage : je me borne à faire observer que s'il n'est pas juste d'imputer à nos écoles toute la responsabilité de cet état de choses, on ne peut pas non plus les en affranchir entièrement. Quand l'éducation primaire échoue si manifestement — à Bordeaux comme ailleurs — à créer des impulsions intellectuelles et morales d'un effet durable, nous sommes bien obligés de confesser qu'elle pèche de quelque manière dans sa direction intime et non pas seulement dans tels ou tels détails des programmes. C'est au plus profond de nos méthodes, ou plutôt c'est dans l'esprit même de notre système d'éducation qu'il faut savoir chercher, pour la part qui nous concerne, et le mal et le remède. En disant cela je n'entends pas déprécier les palliatifs, tels que : une meilleure organisation des cours d'adultes se prêtant mieux à la diversité des besoins, un contrôle plus effectif exercé par les inspecteurs; une indemnité suffisante accordée aux instituteurs que les fatigues du jour préparent mal aux leçons particulièrement laborieuses du soir; parfois enfin la simple lecture, avec explications, substituée aux leçons proprement dites, etc. etc.

L'installation matérielle et technique s'améliore rapidement. De toutes parts on construit, on agrandit, on répare. L'année dernière, 41 maisons d'école ont été construites ou commencées, 9 réparées; 52 projets présentés ou à l'étude. Le mouvement se prononce de jour en jour, à la faveur de la loi sur la caisse des écoles. Dans la circonscription de Bordeaux, par exemple, on projette de construire 11 écoles dans 8 communes; à Bazas, 11 écoles dans 8 communes; à Blaye, 9 écoles dans 7 communes; à Lesparre, 4 écoles dans 3 communes; à la Réole, 14 écoles dans 11 communes; à Libourne, 7 écoles dans 4 communes.

Le mobilier scolaire, encore informe ou suranné dans une multitude d'écoles même importantes, se perfectionne de jour en jour aux frais de l'État, du département, des communes, de la Ligue de l'enseignement. Il se fonde de nouvelles bibliothèques, qui contiennent, outre les livres de classe, 20,000 volumes de prêt. C'est peu, très peu sans doute : les *mœurs* ne sont pas encore sensiblement modifiées; le mouvement qui porte à lire en vue de s'instruire reste encore extérieur, superficiel, limité à un petit nombre de personnes : néanmoins il se développe, et il gagne les campagnes. On y aiderait en quelque mesure, en établissant, le soir ou le dimanche, des *séances de lecture* qui, bien conduites par l'instituteur ou par quelque personne notable un peu instruite, éveilleraient çà et là une salutaire curiosité.

Le *certificat primaire* prend racine dans les habitudes. On le recherche surtout à Bordeaux et à Libourne; les autres arrondissements suivent le bon exemple. Il y a eu l'année dernière 532 certificats délivrés, soit 93 de plus que l'année précédente. C'est un progrès: mais M. l'inspecteur Maillé remarque avec raison, dans son rapport spécial, que l'on est encore très loin du 80 p. 0/0 d'élèves où il serait raisonnablement permis de viser.

Il a été créé à Bordeaux un examen supplémentaire sur des matières facultatives : arithmétique appliquée, dessin, tenue des livres, histoire et géographie générales, histoire naturelle, gymnastique, musique. Il s'est présenté 115 garçons, qui ont obtenu 237 mentions, dont 50 pour l'arithmétique; et 34 filles, qui ont obtenu 69 mention, dont 30 pour l'arithmétique. Ce grand appareil d'examens ne peut fonctionner qu'avec l'aide des délégués cantonaux et des délégués de la mairie. Je dirai plus loin quelle influence exerce le certificat sur la marche de l'enseignement.

Les caisses d'épargne restent stationnaires. Les délégations cantonales, quelques-unes exceptées, dorment de leur sommeil habituel. J'en viens à l'enseignement lui-même.

2. — L'enseignement en général.

Je signale d'abord une très heureuse mesure adoptée récemment par le conseil départemental : c'est l'établissement d'un programme ou organisation pédagogique avec emploi du temps conforme. Ce programme, que l'on recommande sans l'imposer, substituera un peu d'ordre, de règle, de suite au désordre et à l'improvisation qui régnaient jusqu'à présent. Le *Journal de classe* n'existant pas, chaque maître était accoutumé à regler sa marche à son gré, quand toutefois il la réglait. Avec le nouveau plan d'études, qui reproduit en grande partie l'organisation de la Seine, l'instituteur s'achemine à un but annuel, marqué d'avance, par des étapes mensuelles bien définies; il ne lui est pas loisible de s'attarder en route ni de se détourner de côté ou d'autre. L'inspecteur, en visitant une classe, sait à peu près à quel point elle a dû arriver et quel chemin elle a parcouru; il n'examine pas au hasard et dans le vide. A Bordeaux, les trois cours (élémentaire, moyen, supérieur, chacun avec deux sections au moins, d'inégale force) sont effectivement constitués; ailleurs les mêmes cadres ne représentent pas au juste les mêmes degrés d'instruction, et ils renferment des éléments singulièrement divers; le cours supérieur se réduit en fait au cours moyen. Quoi qu'il en soit, cette régularité *obligée* est un progrès; les inconvénients iront s'atténuant, les avantages resteront.

Je signale en passant une innovation qui n'est encore qu'en germe, mais qui peut donner plus tard d'excellents fruits. Le conseil départemental a introduit dans le programme la leçon de *morale* à côté de la leçon d'histoire sainte et de religion. L'intention est louable, et le principe fécond : c'est en quelque sorte la prise régulière de possession du terrain moral par l'esprit laïque; c'est la promesse de ne pas séparer l'éducation de l'instruction et de conduire la première par les mêmes méthodes qui règlent la seconde. Malheureusement il manque à nos maîtres, pour réaliser cette belle idée, et des livres convenables et une culture préparatoire spéciale : ils n'ont que le sentiment du devoir, ce qui ne suffit pas. Il ne faut pas laisser mourir ce précieux germe; mais il n'importe pas moins de n'en pas presser artificiellement l'éclosion. M. Liard, l'éminent et dévoué professeur qui représente l'administration municipale de Bordeaux dans le service de l'instruction primaire, a promis des conférences sur ce sujet : nul plus que lui n'est capable d'ouvrir des voies sûres autant que nouvelles aux instituteurs.

Tout ne se réduit pas, dans la Gironde, à un progrès d'organisation. L'esprit pédagogique s'améliore sensiblement. Cela est vrai surtout de Bordeaux, où l'on compte nombre de bons maîtres et encore plus de bonnes maîtresses; mais on peut rendre le même témoignage de Libourne et, à un degré moindre, du reste du département. La routine cède du terrain; le choix des livres de classe se fait avec discernement; l'emploi même des livres se subordonne à l'exposition directe et orale faite par le maître. Ce mouvement remonte à quelques années; l'Exposition de Paris l'a accéléré; les conférences pédagogiques, instituées dans tous les cantons et partout bien accueillies, l'entretiennent et le règlent; enfin, les journaux pédagogiques, de plus en plus répandus, lui donnent de la consistance. Il n'est que juste, à ce propos, de rendre hommage au zèle et à la bonne influence de MM. les inspecteurs primaires. Qu'ils veillent à ne pas laisser languir les conférences; qu'ils y mettent toujours plus d'intérêt, de substance, de vie; qu'aux travaux et aux discussions concernant les théories, les méthodes et les livres, ils joignent des leçons pratiques faites devant une classe, des exercices de *clinique scolaire;* qu'ils aient soin de composer les bibliothèques pédagogiques en vue des aptitudes, de la culture, des goûts de la moyenne des maîtres, sans prétendre leur imposer des livres trop spéciaux et peu attrayants; qu'enfin ils s'appliquent à constituer, chacun dans son ressort, une, deux, trois excellentes écoles qui servent de point d'appui à leur action, d'illustration à leurs conseils, et où ils appellent de temps en temps les instituteurs voisins: nul doute qu'avec ces moyens et tels autres que leur suggérera l'expérience et qui doivent varier selon les lieux, ils ne réussissent à fonder parmi les maîtres des règles, des habitudes, des mœurs scolaires qui défieront les réactions.

Il n'y a pas, en effet, à nous flatter. Le progrès n'est que partiel; là même où il est le plus satisfaisant, il a plus d'étendue que de profondeur. Si la force d'impulsion venait à diminuer, si l'action de l'*autorité* centrale se relâchait, les plus beaux résultats seraient compromis, les meilleurs commencements seraient interrompus. En dehors de Bordeaux, de Libourne et de quelques petits centres, le nombre des maîtres vraiment *bons* est bien peu considérable; on l'évalue ici à un dixième, là à un cinquième; la majorité est en partie assez bonne, en partie médiocre. Quant aux institutrices, il n'y a qu'une voix pour signaler, en dehors de Bordeaux et de quelques chefs-lieux, leur déplorable infériorité. Le fait mérite d'autant plus d'être relevé qu'il est plus anormal: il est constant, en effet, que partout où les femmes reçoivent l'éducation préparatoire convenable, elles se montrent autant et plus aptes que les hommes à diriger des écoles primaires; si bien que l'on peut prévoir le moment où, à Bordeaux même, selon l'exemple des États-Unis, de l'Italie, etc., on confiera à des maîtresses maintes classes de garçons. On n'en est pas encore là dans la Gironde. On rend aux institutrices le témoignage qu'elles ont beaucoup de bonne volonté et de dévouement, mais la plupart manquent à la fois d'une solide instruction générale et des connaissances techniques indispensables. Cela est vrai surtout des institutrices congréganistes. On s'accorde à distinguer entre les maîtresses celles qui viennent de l'École supérieure des filles, du cours normal, et de quelques établissements libres de Bordeaux, de Sainte-Foy et d'ailleurs.

3. — Les enseignements particuliers.

J'aborde de plus près l'enseignement, tel qu'il se donne à Bordeaux et à Libourne en particulier. Je veux dire d'abord de quel sentiment d'estime je me sens pénétré pour ces maîtres et ces maîtresses que j'ai vus à l'œuvre, gouvernant d'une main douce, ferme, infatigable, des classes de 70, 80, 100, 120 élèves, les animant du même souffle, vaquant avec intelligence à l'enseignement des matières les plus diverses, mettant de leur mieux en pratique les méthodes nouvelles, si laborieuses et si épuisantes, faisant face à la correction de tant de devoirs écrits, obtenant de la moyenne des intelligences un minimum à tout prendre remarquable de connaissances précises. On n'arrive à un tel résultat qu'au prix d'un dévouement, d'un art, d'une bonne humeur, d'une énergie de volonté qu'on ne saurait trop reconnaître ni trop louer.

Je dirai plus. J'ai été frappé, en visitant maintes écoles de Bordeaux et du département, de je ne sais quoi de lumineux qui pénètre toutes les parties de l'enseignement. C'est bien la nuit qui s'en va, le jour qui se fait; c'est le libre esprit qui succède à la mécanique aveugle et servile : ces maîtres sont en train de devenir des *instituteurs*, au noble sens du mot; et ces écoliers, des *élèves*. Je dois ajouter, pour être exact, que mon impression n'est pas tout à fait la même dans les écoles congréganistes, où j'ai pourtant reconnu, avec la bonne tenue et l'ordre habituels aux communautés religieuses, de sensibles efforts pour améliorer livres et méthodes. Il m'a paru que les règles abstraites, les formules, les procédés y conservaient encore trop d'empire; et, en outre, que dans certaines classes le progrès se limitait à une élite trop peu nombreuse de la classe.

Cela dit, j'indiquerai quelques points sur lesquels l'enseignement primaire des écoles de Bordeaux et, à un plus haut degré, de celles des autres villes de la Gironde m'a paru appeler ou des réformes ou des précautions plus attentives. Il est à prévoir que les observations qui vont suivre ne s'appliquent pas moins aux autres départements du Sud-Ouest qu'à celui-ci.

Les bonnes méthodes, ainsi que je l'ai dit, sont en honneur : le maître paye de sa personne au lieu de s'en reposer sur le livre; il fait appel à l'intelligence de l'enfant au lieu de se contenter d'un travail de mémoire; il s'efforce de faire *comprendre* ce qu'il donne à *apprendre*. Mais peut-être n'est-il pas assez familier avec ce principe souverain de toutes les méthodes : que chaque partie doit être enseignée à la fois pour elle-même et en vue du tout; que l'instruction en toute faculté particulière, grammaire, arithmétique, histoire, écriture et lecture même, n'a pas sa fin unique ni principale en elle-même, mais qu'elle doit concourir à l'éducation; j'entends qu'elle doit viser à éveiller l'intelligence et à la munir de saines et fortes habitudes d'attention, d'application soutenue, d'ordre, de suite dans les idées. C'est à ce développement parallèle de l'instruction spéciale et de l'éducation générale de l'esprit qu'il faut veiller si l'on veut empêcher que nos enfants, après avoir bien *su* une fois, vers l'âge de 12 ans, la grammaire, l'arithmétique, les éléments d'histoire, etc., soient impropres à continuer de se cultiver eux-mêmes et paraissent plus tard destitués de bon jugement quand ils auront à prendre parti en choses morales ou politiques.

Il y a ici un écueil à éviter avec le plus grand soin : je me suis permis de le signaler, non seulement à MM. les directeurs et directrices, mais à MM. les inspecteurs et à quelques membres des jurys d'examen : c'est l'excès des matières, l'encombrement du programme, les devoirs écrits trop divers et trop multipliés; enfin la marche haletante de la classe supérieure. J'ai eu l'impression que, dans les bonnes écoles, maîtres et élèves avaient trop à faire du côté de l'instruction pour bien veiller du côté de l'éducation; que, par exemple, dans les rédactions ou compositions de diverses natures, on n'avait pas le loisir de s'occuper de la ponctuation, qui traduit à sa manière l'ordre des idées, ni de cet ordre même; que, dans les leçons, on était trop pressé pour permettre à l'enfant de tâtonner, de chercher la juste pensée et la juste expression, de se tromper et de se redresser. J'ai cru devoir leur dire : Ne laissez pas s'épaissir le programme; éloignez, simplifiez, pour faire du jour dans ces jeunes intelligences, pour exciter l'initiative et pour la mieux régler; enfin, pour instituer des habitudes intellectuelles, lesquelles ont autrement de fécondité et de durée que de simples connaissances, dont le total, quoi qu'on fasse, restera toujours très petit et infiniment au-dessous de l'infinie réalité.

Certes, je ne veux aucunement déprécier le certificat d'études, que je tiens pour une très bonne institution, dont il serait superflu de rappeler ici les avantages. Mais il faut éviter : premièrement, qu'il ne pèse sur notre enseignement primaire au lieu de le régler, qu'il ne lui communique je ne sais quoi de fébrile, de haletant, et par suite de superficiel; en second lieu, qu'il ne se complique à l'excès : et, à ce dernier égard, il me paraît que l'examen pour les mentions *facultatives isolées* est plein d'inconvénients et propre à troubler le développement régulier et harmonique du cours élémentaire supérieur. Il n'est pas bon que l'esprit des maîtres et des élèves soit trop tendu vers l'*examen;* il l'est encore moins qu'un maître étende à l'excès l'enseignement de telle ou telle partie, en vue des mentions facultatives. Que notre instruction primaire reste essentiellement une éducation : c'est dire qu'il y faut maintenir l'équilibre, l'harmonie des parties, avec une marche calme et régulière.

Si je passe en revue les divers articles du programme, je dirai d'abord que la diction réclame de grands soins, surtout dans les écoles de garçons. On n'exerce pas assez les enfants, soit qu'ils lisent ou qu'ils récitent, qu'ils exposent ou qu'ils démontrent, à articuler distinctement. Une diction nette, ferme, aisée, est pourtant plus qu'un agrément, plus qu'un moyen de se faire entendre de l'interlocuteur; c'est à la fois un signe et un auxiliaire de la pensée, un moyen de la mettre en quelque sorte au net et de la préciser par le relief de la traduction extérieure. Nouvelle raison pour ne pas se presser à l'excès; pour savoir s'arrêter, insister, retourner sur ses pas: perdre ainsi du temps, c'est en gagner, puisque l'on fournit de bonnes habitudes mentales. Je ne parle pas de l'accent provincial, qui est à mes yeux de peu d'importance dans nos écoles; pour moi, je ne m'occuperais de le réformer que là où il blesse ouvertement l'orthographe française (par exemple, le *ai* des imparfaits, futurs, conditionnels, prononcé comme *é*).

Quant à la lecture expliquée, analysée, elle est en général l'objet de soins assidus et intelligents; on ne saurait trop louer les maîtres; c'est la marque décisive d'une bonne école.

L'arithmétique est la faculté la plus développée, soit pour la pratique et le calcul, soit pour la théorie et le raisonnement. Cette dernière partie, par laquelle l'arithmétique concourt à l'éducation générale de l'esprit, m'a paru mieux cultivée chez les laïques que chez les congréganistes. Dans certaines écoles, la géométrie, les sciences naturelles m'ont paru développpées à l'excès. L'enseignement élémentaire, pour être fécond, doit autant que possible rester circonscrit sur son terrain.

L'enseignement de l'histoire se perfectionne, surtout dans les écoles laïques. Le maître se risque à exposer lui-même au lieu de commenter le livre soit à l'avance, soit au moment de la récitation. Depuis l'établissement du programme départemental, les divisions inférieures et moyennes, dans les bonnes écoles, s'efforcent de parcourir, d'un bout de l'année à l'autre, tout le champ de l'histoire nationale, mais à grands traits et de sommet en sommet. Les élèves reproduisent de vive voix ou par écrit tout ou partie du récit du maître; ils s'aident le plus souvent des livres élémentaires de MM. Foncin et Lavisse. Il n'y a qu'à encourager de tels efforts. Persuadons aux maîtres que, s'ils veulent bien se préparer à l'avance, savoir au juste ce qu'ils vont dire et dans quel ordre, leur parole vivante, même incorrecte et tâtonnante, sera plus instructive que le meilleur livre appris par cœur. Mais qu'ils ne dédaignent pas pour cela le livre: ni l'enfant ni le maître lui-même ne doivent être livrés aux hasards de la mémoire et du cahier.

La partie faible, nul ne s'en étonnera, c'est le français: je ne dis pas la grammaire française et les exercices d'analyse grammaticale ou logique, lesquels sont l'objet de grands soins; je leur reprocherai seulement de n'avoir pas, ainsi que je le disais plus haut, un caractère assez *éducatif*, d'avoir trop leur fin en eux-mêmes, de ne pas apparaître ce qu'ils sont réellement, ce que du moins ils doivent être, des moyens d'habituer l'esprit à se débrouiller, à se rendre compte de ses pensées et des signes de ses pensées, et à les ranger selon leur importance relative. Il faut, dès la première heure, présenter la grammaire à l'enfant, avec toutes les manœuvres qui s'y rapportent, comme un fait naturel et qui lui appartient en propre, non comme une langue artificielle et de convention; il faut la lui faire trouver en lui-même, de sorte que parler «selon la grammaire» devienne à ses yeux synonime de «parler selon les lois de son propre esprit». A cette lumière, la grammaire, avec son vocabulaire de sujets, verbes, compléments, propositions principales et secondaires, prend couleur et vie; elle acquiert la dignité pédagogique, et l'humble maître de grammaire, s'il sait jeter la sonde assez profondément dans l'intelligence des élèves, devient l'instituteur par excellence : c'est lui qui débrouille et qui fait l'ordre.

Mais si la grammaire est cultivée avec prédilection, la composition française marche un peu à l'aventure, quant au choix des sujets, à leur gradation, à la manière de les traiter. Ce n'est pas qu'on la néglige; il faut plutôt constater sur ce point un effort considérable et infiniment méritoire, mais de trop récente date encore et d'ailleurs trop peu *dirigé* pour avoir pu aboutir à des résultats satisfaisants. Peut-être même va-t-on déjà, dans certaines écoles, jusqu'à l'excès, en multipliant les exercices de rédaction que l'élève doit écrire chez lui : leçons de choses, histoire, géographie, sentences de morales, réponses à des questions lexicologiques, etc. etc. Ce qui manque aux maîtres en cette matière, ce n'est évidemment pas la bonne volonté : ils comprennent à merveille que, si la composition française est la chose difficile entre toutes, c'est qu'elle réclame tout un ensemble de qualités qui constituent la bonne éducation de l'esprit; ils seraient très jaloux de ne pas reculer devant une tâche si délicate et de grande portée; mais la direction leur fait défaut. Nous n'avons pas encore dans l'enseignement primaire des traditions : je veux dire une série progressive d'exercices, de sujets de développement oral ou écrit à réciter, une série de morceaux classiques consacrés par l'expérience et qui assure la marche de nos instituteurs. En fait de morceaux classiques proprement dits, l'enfant n'a guère à sa disposition, dans la plupart des écoles, que les fables de La Fontaine. Le maître y joint quelques extraits des poètes anciens ou contemporains, qu'il choisit un peu au hasard et qu'il fait copier *au net*.

Il importe grandement que l'enseignement primaire soit muni au plus tôt d'un plan bien gradué d'exercices de composition, assortis à l'âge des élèves, et d'un choix très restreint mais exquis de morceaux de poésie et de prose (précédés de très courtes notices biographiques) qui forment comme un viatique littéraire des enfants du peuple; la récitation de quelques-uns de ces morceaux serait obligatoire à l'examen du certificat d'études. De tels cadres n'auraient rien d'inflexible; ils ne serviraient pas à suppléer la libre initiative du maître, mais à régler sa marche, à lui fournir des points d'appui éprouvés.

Dirai-je toute ma pensée? La direction incertaine et l'insuffisance de moyens auxiliaires que je signale dans l'étude du français, à Bordeaux comme ailleurs, ont une portée qui dépasse l'ordre intellectuel et littéraire. On apprend beaucoup dans nos écoles, beaucoup plus qu'autrefois; il se peut même qu'ici ou là on apprenne trop. On vise aussi à comprendre, et l'on y réussit dans une mesure croissante. On multiplie les leçons de choses; on explique; on rend sensible; des communications directes s'établissent de l'esprit du maître à celui de l'enfant : à tout cela il n'y a qu'à applaudir, en tenant compte des obstacles de tout genre qui s'opposent au progrès et de la peine extrême que coûte le moindre résultat. Mais à côté de cet appareil de plus en plus rationnel qui vise à l'effet prochain, à l'utilité, au savoir profitable, je cherche quels moyens sont institués pour élever l'esprit et le cœur de l'enfant, sur les ailes de l'admiration et de l'amour, vers plus haut et meilleur que lui, vers une manière plus noble, plus pure, plus véritablement *humaine* de sentir, de vouloir, d'agir : ces moyens réguliers, quotidiens, je ne les trouve pas. Je n'ai garde assurément d'exagérer en matière si délicate : je n'oublie pas que faire la pleine clarté dans l'intelligence, fût-ce par la seule voie de l'arithmétique, de la grammaire (j'ai presque dit de l'écriture et du dessin), c'est la faire indirectement ou la préparer dans l'âme, puisque l'ordre spirituel est *un* et que toutes ses parties sont solidaires l'une de l'autre. Je sais aussi que par les leçons de morale, si heureusement introduites dans le plan pédagogique de la Gironde, comme par les leçons d'histoire, de lecture et à propos des incidents de la vie journalière, les bons instituteurs s'efforcent de façonner au bien le caractère et la volonté de leurs élèves. Mais il est, je crois, une force motrice de perfectionnement que nous n'avons pas jusqu'à présent mise en œuvre avec assez de hardiesse et de suite : c'est l'*admiration;* j'entends l'admiration, non pas seulement à l'égard des lois ou des phénomènes merveilleux de la nature aveugle et inconsciente, mais surtout à l'égard des nobles sentiments humains : bref, de l'idéal exprimé sous une forme exemplaire. Nous n'avons pas encore assez rendu cet hommage, je dis mal, cette justice aux enfants du peuple, à tous nos enfants, de les instituer au bien autrement que par des règles et des conseils empiriques, très utiles assurément, mais dépourvus de chaleur rayonnante. Des récits, de beaux récits historiques ou fictifs, voilà sans doute l'une des meilleures sources de l'éducation morale; mais ensuite les chefs-d'œuvre mêmes des maîtres, lus, relus, appris par cœur; les plus belles scènes, les chœurs, l'incomparable langue d'Esther, d'Athalie, de Polyeucte. S'il y a un antidote, non pas magique sans doute, ni efficace à lui tout seul et à bref délai, contre la littérature grossière, sotte, basse, dont se repaît notre peuple à mesure que nous lui apprenons à lire, c'est celui-là, administré avec sagesse : c'est l'habitude de goûter, d'aimer, d'admirer les plus beaux exemplaires de l'humaine nature. Ne serait-ce pas nous confesser indignes et incapables de mettre la main à l'éducation du peuple que de juger une semblable méthode trop raffinée pour lui. Ce sont nos moyens qui sont informes, grossiers, à peine ébauchés; mais l'art moral est le même pour toutes les classes de la société, et il s'adresse aux mêmes sentiments.

J'ai engagé aussi nos vaillants directeurs et directrices à réunir chaque semaine (le samedi soir, par exemple, à l'heure de la détente d'esprit) les élèves des premières divisions durant une demi-heure environ. Qu'ils entrent alors en communication plus directe avec eux, passant en revue l'histoire de la semaine écoulée, rendant justice à tous, signalant avec les fautes et les négligences les efforts honnêtes et les bons résultats. Qu'ils réservent pour cette séance une lecture intéressante, propre à élever les enfants au-dessus du train vulgaire des études, et à les mettre en goût de lire eux-mêmes quelque bon livre de la bibliothèque scolaire. Qu'à ce propos ils leur donnent avec discrétion des conseils sur leur vie au dehors, sur leurs devoirs de famille, sur les lectures à éviter. De telles causeries, bien préparées, sérieuses sans raideur, auxquelles un habile directeur ne manquerait pas d'associer ses adjoints, seraient la principale leçon *éducative,* la leçon de morale cordiale, insinuante, non dogmatique. L'enfant quitterait l'école mieux disposé à subir les bonnes influences de la famille, mieux armé contre les mauvais exemples de la rue et les excitations malsaines. Ai-je besoin d'ajouter qu'un tel moyen ne vaut que par la main qui l'emploie?

4. — Écoles supérieures.

Au-dessus des écoles élémentaires, Bordeaux a établi deux écoles supérieures, l'une de filles, l'autre de garçons. Je parlerai d'abord de celle-ci, l'autre dépassant sur bien des points l'école primaire élémentaire.

L'école supérieure des garçons, que dirige avec beaucoup de zèle M. Largeteau, est composée d'une division préparatoire, véritable classe élémentaire, d'environ 100 élèves, et d'une division supérieure d'un nombre à peu près égal de jeunes gens de 13 à 17 ans environ. Celle-ci donne à l'école son caractère distinctif; elle comprenait d'abord deux années de cours: elle en a aujourd'hui trois : on n'y entre qu'en produisant le *certificat d'études;* elle se recrute dans les familles du petit commerce, de la petite industrie, en partie aussi chez les propriétaires cultivateurs; la plupart des élèves n'ont d'autre but que de recevoir un complément d'éducation et d'être en état de suivre la profession de leurs parents ou de devenir employés de commerce ou d'administration. Quelques-uns seulement, environ 12, forment une section préparatoire à l'école d'Angers, qui suit les leçons de mathématiques et de français de la division supérieure (pourquoi pas aussi les leçons d'histoire?) et qui s'occupe spécialement du dessin et des travaux manuels. Un atelier de menuiserie et de forge a même été établi récemment pour exercer (une heure seulement par semaine) au maniement des outils généraux les élèves qui ne se destinent pas à des arts manuels: on n'y a pas encore joint, comme à la rue Tournefort, des exercices de modelage.

Outre les maîtres brevetés attachés spécialement à l'école, des professeurs du dehors viennent enseigner les langues étrangères, la musique, le dessin. Les élèves disposent d'une bibliothèque scolaire, d'un cabinet de physique, de collections d'histoire naturelle, etc. J'ai oublié de dire plus haut que les langues vivantes sont aussi enseignées dans les écoles élémentaires par des professeurs externes : c'est là une institution que beaucoup de villes doivent envier à Bordeaux, et lui emprunter.

Les mathématiques sont poussées assez loin (arithmétique, géométrie, algèbre), trop loin, à mon avis, pour la majorité des élèves, qui n'ont en vue que le commerce et l'agriculture. L'histoire ancienne et moderne, la grammaire, la physique et la chimie donnent de bons résultats : il est manifeste que l'instruction n'est pas donnée ni reçue à la légère. La lecture (j'entends la diction) est confuse, négligée. La composition française est médiocre, ainsi que la culture littéraire en général. Je crains que, dans cette école et dans d'autres écoles libres du même genre, laïques ou ecclésiastiques, par exemple dans le beau pensionnat des Frères (rue Saint-Genest), dont la souple organisation se prête à tant de besoins divers, on ne soit absorbé par le soin d'inculquer des *connaissances* au point de négliger l'*éducation* générale de l'esprit. Je suis frappé de voir qu'ici, comme en d'autres établissements de même ordre, on enseigne l'histoire, la littérature, peut-être même d'autres parties, par la seule voie des livres et des questions. Il y a là une lacune à combler, qui n'est pas seulement une lacune littéraire. On peut se féliciter que l'enseignement primaire, soit élémentaire, soit supérieur, commence d'échapper à la tyrannie de la routine, de la mémoire, de la règle abstraite : mais n'allons pas en faire un simple appareil de culture formelle, logique, extérieure, utilitaire. Je sais que les familles nous poussent dans ce sens, et que les tendances régnantes y portent également : c'est à nous, sans sacrifier les connaissances positives, pratiques, immédiatement utiles, de prendre souci, je ne dis pas de la culture littéraire, mais de la forte *institution* de l'esprit. Soyons plus ambitieux pour les fils de l'élite populaire que les parents eux-mêmes; ceux-ci nous demandent des employés, des calculateurs, des teneurs de livres, etc.; ils ont raison : mais, avec ce strict nécessaire, donnons ce qui est plus nécessaire encore; visons à former des hommes, c'est-à-dire des esprits lumineux, sensés, aptes à juger, et des volontés fermes et droites. Et, pour préciser, je voudrais dans ces écoles supérieures (sans préjudice bien entendu d'une préparation spéciale, réservée à quelques élèves) une part plus grande faite à l'exposition orale, soit chez le maître, soit chez l'élève; plus de temps et de soins donnés à la correction des rédactions; ces rédactions mêmes contenues en des limites beaucoup plus restreintes; des programmes moins chargés, en particulier du côté des mathématiques; plus de place accordée à la littérature, à la lecture en commun de nos grands maîtres. En un mot, *alléger* l'enseignement en vue du développement plus libre de l'esprit. C'est là, j'en conviens, une réforme délicate et dont les éléments sont encore mal assemblés dans notre pays; on peut au moins tenter des améliorations; et je suis sûr que l'honorable directeur de l'école de la rue Pellegrin ne négligera rien pour donner l'exemple sur ce point aux autres écoles de Bordeaux.

Les élèves sont moins nombreux qu'on n'aurait lieu de s'y attendre en considérant la variété de l'instruction et des moyens auxiliaires. A vrai dire, la division supérieure ne dépasse guère le chiffre de *cent*. Cette médiocre prospérité ne tient pas aux défauts de l'enseignement, car ces défauts se retrouvent ailleurs, et plus saillants; mais il faut tenir compte de la concurrence de quelques écoles primaires, communales ou libres, qui entretiennent une division supérieure où l'on pousse assez loin les études de mathématiques en vue de certains emplois ou de certaines écoles spéciales de l'État. Il y a aussi plusieurs boursiers municipaux qui demandent, au sortir de l'école primaire, à suivre les cours secondaires spéciaux du lycée : ainsi éclate le conflit entre les deux types d'enseignement, qui constitue une des questions les plus difficiles de notre organisation scolaire. Enfin j'ai parlé du collège primaire des Frères, fondé il y a cinq ou six ans seulement, qui doit en partie sa grande prospérité à la manière dont il se prête aux besoins les plus divers de sa clientèle, y compris la préparation à l'examen du volontariat d'un an; en partie aussi à ce qu'il admet, outre des demi-pensionnaires de la ville que l'on va chercher en omnibus, des pensionnaires venus de tous les points du département : sans parler de sa belle situation, de son installation matérielle, et surtout du sens pratique et de l'habileté de son directeur. Pourquoi les établissements laïques abandonnent-ils plusieurs de ces moyens de succès aux maisons religieuses, quand ils peuvent en outre offrir des avantages plus réels, entre autres celui d'un enseignement en plein accord avec l'esprit de notre temps et de nos institutions libérales?

L'*École supérieure municipale de filles*[1] compte environ 160 élèves de 12 à 18 ans; elle est dirigée par une personne de mérite, Mlle Ruello, bachelier ès sciences et munie du brevet complet. L'enseignement est donné par cinq institutrices du degré supérieur, attachées à l'établissement, et par des professeurs-hommes du dehors, qui sont chargés des cours de mathématiques, physique, chimie, anglais, allemand, dessin, etc. Les maîtresses, avec la directrice, pourvoient à toutes les leçons de français (lecture, grammaire, littérature, composition, histoire de la langue) et d'histoire nationale ou générale.

Les élèves, toutes externes, sont réparties en quatre cours correspondant aux divers âges : 12 à 14 ans, 14 à 15, 15 à 16, 16 à 18. Le dernier cours, avec le précédent, prépare particulièrement aux brevets élémentaire et supérieur : il est à regretter que beaucoup d'élèves, ici comme ailleurs, se présentent dès l'âge de 16 ans 1/2 ou 17 ans. Le premier cours achemine au certificat d'études, sans

[1] Rue de Cheverus.

que la préparation de cet examen trouble, en l'accélérant outre mesure, la marche régulière des études. On a soin, m'assure-t-on, que le programme annuel des leçons n'arrive à son terme que vers le mois de juillet. C'est le soir seulement, à partir de 4 heures, les classes achevées, que, dans le second semestre, les aspirantes au certificat d'études reçoivent des répétitions spéciales en vue de l'examen : ces répétitions servent d'exercices pédagogiques aux élèves du cours supérieur, qui s'exercent, en outre, à des leçons ou expositions sur des sujets proposés à l'avance, en présence de leurs camarades.

Les élèves appartiennent pour la plupart à la classe de la petite bourgeoisie, des petits commerçants, employés, etc. Quelques-unes cependant sont d'une condition supérieure. Les familles riches préfèrent, je ne sais pas bien pourquoi, s'adresser aux pensionnats ou externats libres. Les élèves arrivent à 8 heures: elles reçoivent les principales leçons avant midi; elles déjeunent des provisions qu'elles ont apportées ou achètent au concierge quelque aliment chaud; et, de 1 heure à 4, elles vaquent aux travaux de couture ou de broderie, au dessin, aux langues vivantes, etc. Elles ne prennent de leçons de gymnastique d'aucune sorte, et la cour de récréation est trop exiguë pour un si grand nombre de jeunes filles. Il appartient à la municipalité de Bordeaux, si attentive à tous les besoins des écoles publiques, d'assurer plus d'espace, d'air, d'exercice physique à des élèves qui ont beaucoup à travailler. Leur tenue est en général convenable, simple, modeste.

L'école n'est pas pourvue d'une bibliothèque, du moins cette bibliothèque ne contient que des livres de classe. A cette fâcheuse lacune correspond un défaut dans les études, qui est malheureusement commun aux meilleures écoles, aux cours normaux publics ou privés, et qui n'y est pas racheté en partie, comme à l'école de la rue de Cheverus, par la qualité des leçons et par d'amples expositions orales. Les élèves font peu de lectures *personnelles;* elles n'en ont pas le temps; elles n'en prennent pas l'habitude. Tout se réduit pour elles à des leçons, à la vérité bonnes, et aux livres spéciaux adoptés dans chaque cours. Cette lacune sera, je n'en doute pas, bientôt comblée, grâce au bon vouloir du conseil municipal et au zèle intelligent de la directrice. Je voudrais voir entrer dans la bibliothèque beaucoup de livres d'histoire, les chefs-d'œuvre de notre littérature et les meilleurs ouvrages d'histoire littéraire, ainsi que les traductions les plus éprouvées des grands écrivains de l'antiquité et des temps modernes. Je voudrais aussi que la directrice elle-même s'assurât une fois par semaine de l'effet général de ces lectures, de la manière dont elles se font, du pli qu'elles impriment, etc. Exciter le mouvement libre de l'esprit, le régler sans le gêner, quelle partie de l'art de l'éducation est plus importante et plus délicate!

Quant aux études mêmes, elles participent à la fois de l'enseignement normal primaire (y compris les classes préparatoires) et de l'enseignement secondaire, que l'on cherche en ce moment à constituer chez nous. Elles préparent fort bien au brevet supérieur ainsi qu'au brevet élémentaire, à en juger par les succès des élèves à ce double examen; mais elles dépassent à quelques égards le type primaire normal, par exemple dans l'enseignement littéraire, qui ne se borne pas au strict nécessaire du programme ni même à la seule littérature nationale, et qui abonde en citations des grands écrivains.

Les mathématiques, les sciences et surtout l'histoire m'ont paru traitées avec beaucoup d'ampleur. Il est certain que l'examen à venir domine toutes les études, mais sans les enfermer, ainsi qu'il arrive presque partout, dans un cadre étroit qui les étouffe et les frappe de stérilité. Obtenir les brevets est la préoccupation des élèves et la nécessité souveraine qui s'impose aux maîtresses; mais du moins cette éducation, trop technique à certains égards pour une femme du monde, trop chargée en certaines parties (sciences physiques par exemple), incomplète en d'autres (littérature ancienne et étrangère, philosophie, morale, etc.), enfin un peu balotante dans sa marche, ne laisse pas, à tout prendre, que d'être sérieuse, régulière, soumise à de bonnes méthodes et, pour tout dire, *libérale*, au sens élevé de ce mot. J'y voudrais, avec les compléments et les allégements déjà indiqués, plus de place faite à la libre réflexion, au paisible développement de l'intelligence, aux lectures personnelles, enfin à l'assimilation des choses. C'est du professeur et du livre que vient ici presque toute l'instruction: l'élève comprend et apprend : c'est assez pour l'examen, c'est trop peu pour la culture profonde de l'esprit. Je me hâte d'ajouter (car je ne voudrais pas manquer de justice envers une institution qui m'a paru ne le céder à aucune des meilleures) que l'action des maîtres de l'un et de l'autre sexe n'a rien de *mécanique :* si elle est excessive, elle est du moins vivante et vivifiante. Les maîtresses exposent, parlent en leur propre nom et à leurs propres risques, au lieu de répéter ou de commenter un livre; les élèves prennent des notes qu'elles revoient à loisir. Viennent ensuite les interrogations, les rédactions (trop multipliées peut-être et trop longues), et, à certains temps, des leçons ou exposés faits devant la classe pour les élèves. Bref, il y a là non seulement beaucoup de travail, mais du souffle, de la lumière, de la vie. Pourquoi les élèves perdent-elles le bénéfice d'une partie de ces résultats par la timidité de leurs manières et le peu de netteté de leur élocution?

L'histoire, la géographie, les mathématiques, les sciences physiques sont, dans l'ensemble, bien étudiées. Le programme de pédagogie m'a paru être encore à l'état d'ébauche. La lecture reste peu distincte, bien qu'elle paraisse être l'objet de soins particuliers. Les compositions françaises sont corrigées avec un soin attentif par une maîtresse de beaucoup de mérite et de conscience; mais ce ne serait pas trop de lui adjoindre, pour un si difficile office, un professeur de compétence et de titres spéciaux et supérieurs. Au total, cette école renferme de précieux éléments pour une future école secondaire, à laquelle serait annexée, au besoin, une section d'enseignement normal.

5. — Cours normaux.

Il me reste à parler des établissements où se forment les maîtres et les maîtresses des écoles primaires de la Gironde. Un bon nombre de maîtres viennent, je l'ai déjà dit, des écoles primaires elles-mêmes, laïques ou congréganistes, communales ou libres; ils y forment de petits groupes de 2, 3, 4 élèves qui prennent part à quelques exercices du cours élémentaire supérieur et assistent quelquefois l'instituteur ou l'institutrice dans les classes inférieures : il manque presque toujours aux candidats de cette provenance la discipline régulière et forte de l'esprit; leur instruction manque à la fois d'étendue et de profondeur, elle est «livresque» et, par suite, peu féconde. Les meilleurs maîtres ou maîtresses se forment, de l'aveu général, dans l'école supérieure de Bordeaux, où la pratique pédagogique reste cependant défectueuse; dans le cours normal des filles, où il n'y a pour champ d'exercices qu'une salle d'asile; dans l'école normale des instituteurs de la Sauve, où l'école annexe rend des services pédagogiques très insuffisants. On ne peut que souhaiter la prompte création d'une école normale spéciale d'institutrices, pourvue de toutes les ressources requises en professeurs, livres, matériel technique et moyens pratiques.

Le *cours normal* des institutrices est annexé à un pensionnat que dirige Mlle Lourdat. Le département alloue 8,500 francs pour 18 bourses, demi-bourses, etc. Les postulantes n'étant pas nombreuses, la commission ne peut pas élever très haut le niveau de l'examen d'admission, et si l'on joint à cela que le cours n'embrasse que *deux* années de cours au lieu de *trois*, qui forment le cycle d'études des écoles normales, on jugera des difficultés qui s'opposent à une forte éducation professionnelle des élèves-maîtresses. Il faut que, dans ce court espace de temps et avec une médiocre préparation antérieure, elles se rendent dignes d'obtenir à la fois le brevet élémentaire, le certificat d'aptitude pour les salles d'asile, et quelques-unes le brevet facultatif au complet. Ce n'est rien moins qu'un tour de force; il témoigne, il est vrai, de la ferme direction de Mlle Lourdat, du zèle consciencieux des professeurs et de la parfaite application des élèves à tous leurs devoirs; mais si apprendre n'est pas autre chose que s'assimiler, que penser de semblables études faites à la course, et que peuvent-elles valoir pour l'avenir? Pourtant c'est de ce *cours*, où l'on trouve au moins un *ordre régulier* d'études avec des professeurs exercés, et aussi de l'école supérieure que sortent, ainsi que je l'ai déjà dit, la plupart des meilleures institutrices de la Gironde. La merveille est que, malgré la sévérité bien connue du jury d'examen de Bordeaux, 10 élèves sur 12 ont obtenu le brevet à la session de l'année dernière. Je constate ce brillant succès dont Mlle Lourdat a lieu de se féliciter.

Il va sans dire qu'ici comme ailleurs on n'a pas le temps de lire d'autres livres que les manuels de classe et les cahiers, ni d'apprendre beaucoup de morceaux classiques. Je m'étonne encore, à ce propos, qu'avec des moyens si restreints et un tel excès de travail accumulé en si peu de mois, les jeunes filles arrivent à écrire les compositions, historiques et autres, que j'ai eues entre les mains. Ces compositions sont, à tout prendre, correctes, sensées, bien ordonnées.

L'éducation pratique se borne à des exercices d'enseignement dans la salle d'asile annexée au pensionnat. Les élèves vont à tour de rôle passer quelques heures dans cette école et assister la directrice dans ses fonctions. Elle s'exercent également, comme à l'école supérieure, à faire des leçons tantôt sur un sujet, tantôt sur l'autre, devant la classe réunie; c'est là une pratique excellente, qu'on ne saurait trop encourager : elle profite également aux études et à l'éducation professionnelle.

Outre les maîtresses internes, toutes brevetées, il y a plusieurs professeurs-hommes du dehors, par exemple pour les mathématiques et pour la littérature.

En attendant que l'école normale soit créée, une réforme s'impose d'urgence à l'attention du conseil général de la Gironde : c'est de créer, à l'aide d'un supplément de subvention, une troisième année d'études dans le *cours normal*. On aurait alors le temps d'approfondir un peu plus les matières et de mieux préparer le brevet facultatif. Cette troisième année est d'autant plus nécessaire que la limite d'âge pour le brevet est plus abaissée. Quelle sérieuse culture d'esprit, et en particulier quelle culture littéraire, peuvent recevoir des jeunes filles avant l'âge de 16 ans? Si elles entraient au cours normal à 15 ans pour y passer, non plus 2 ans mais 3, elles ne se présenteraient à l'examen qu'à 18 ans, dans de bien meilleures conditions de maturité.

L'*école normale des instituteurs* est établie, comme on sait, à la Sauve, à plusieurs lieues de Bordeaux. Elle compte 85 élèves : ce nombre s'accroîtra l'année prochaine pour répondre aux besoins croissants du service. On ne peut imaginer meilleure ni plus ample installation. Si l'éloignement des villes a une vertu particulière pour l'éducation des maîtres du peuple, la Sauve est une position idéale. Dans ce village, où les professeurs ne trouvent avec qui échanger une conversation, nul bruit du dehors ne vient troubler les études; les élèves, paysans hier, redeviendront paysans demain, sans avoir en quelque sorte traversé la ville. En revanche, il ne faut compter sur aucun secours extérieur : nulle incitation, nul contrôle actif; aucune visite en dehors des rares visites strictement nécessaires soit de la commission de surveillance, soit des représentants de l'autorité scolaire. Maîtres et élèves sont absolument livrés à eux-mêmes; ils forment comme une famille insulaire, avec les avantages de la famille et les inconvénients d'une île.

Cette solitude profonde explique l'apparence terne et un peu éteinte que présentent les études de la Sauve. Certes je ne puis assez rendre hommage à ces maîtres consciencieux et dévoués qui suffisent, à force de travail, à donner une instruction tout à la fois ample et solide : leur mérite m'apparaît d'autant plus grand qu'ils vivent plus retirés du monde, aussi peu contrôlés qu'assistés.

Les succès obtenus aux examens des deux degrés attestent ce que valent les leçons et ce que vaut le travail des élèves : il n'y a d'ailleurs qu'une voix pour dire que les instituteurs sortis de la Sauve comptent en général parmi les meilleurs de la Gironde.

Que manque-t-il donc à cette école pour être digne d'une ville aussi importante que Bordeaux et d'un aussi riche département? Deux choses principales, dont la première surtout dépend de communications plus fréquentes et plus directes avec le dehors. D'abord, que les études ne soient pas exclusivement une préparation à l'examen; qu'elles deviennent une *éducation;* que les leçons de langue maternelle, d'histoire, de sciences, etc. soient conçues en vue de former des esprits vivants et bien réglés et non pas seulement des brevetés; que la préoccupation désintéressée de l'esprit, le goût de savoir, la curiosité saine, ne soient pas dominés, sinon étouffés, par le souci absorbant du programme; qu'enfin les maîtres ne sortent pas de là *bourrés* de connaissances, mais plutôt désireux et capables d'en acquérir de nouvelles. Plus d'aise, plus de lumière, plus de vie personnelle et libre, sans rien ôter à la patiente et méthodique préparation de l'examen, voilà ce que je souhaiterais à l'école de la Sauve, ce que souhaitent les très estimables maîtres eux-mêmes, et qui ne peut s'obtenir que si l'on fait pénétrer dans cette abbaye laïque l'air vif et excitant du dehors : quelques leçons supplémentaires d'histoire, de philosophie morale, de littérature; la visite fréquente de juges compétents; des rapports habituels entre les maîtres adjoints et les professeurs des divers ordres de l'enseignement; l'accès de quelques établissements industriels, de musées, collections, etc. ouvert aux élèves. Il ne faut pas moins que de telles conditions pour communiquer à un établissement une vie pleine et régulière.

Un autre point faible est celui de l'éducation professionnelle, soit théorique, soit pratique. L'enseignement pédagogique proprement dit manque d'ampleur; il devrait être à la fois une doctrine morale et une discipline technique. Quant à l'apprentissage professionnel proprement dit, il se réduit à peu de chose : les élèves de troisième année vont à tour de rôle assister le directeur de l'école annexe, mais sans contrôle ni direction. Ce qui vaut mieux, c'est la leçon qu'ils sont appelés à donner de temps à autre, devant le professeur de pédagogie, à une division d'élèves de l'école primaire. Il y aurait à multiplier ces exercices, à les organiser en une série régulière, et à faire concourir tous les professeurs, chacun dans sa partie respective, à cette éducation pratique. Je suis sûr que l'on va s'occuper sans retard, à la Sauve, de combler cette lacune. Mais là aussi, quel profit n'apporteraient pas les exemples, les avis, les encouragements du dehors? Les maîtres seraient les premiers à se féliciter si l'expérience d'autrui venait compléter et redresser la leur.

J'ai parlé ailleurs, en grand détail, des études et de la discipline morale de la Sauve : je n'y reviendrai pas ici. Tout le monde doit s'accorder à souhaiter que cette école devienne le grand foyer de l'enseignement primaire et primaire-supérieur du département, et qu'elle mérite de rayonner dans toute la région du Sud-Ouest, qui forme comme une dépendance de Bordeaux. Telle qu'elle est, isolée de la grande ville et de toute ville, absolument enfermée en elle-même, réduite à ses seules ressources en maîtres, livres, tableaux, etc., elle est, à n'en pas douter, le meilleur atelier de préparation à l'examen; à ce titre, elle fait honneur au zèle et à l'aptitude de son directeur et de ses maîtres : mais elle n'est pas encore, elle ne peut pas être un établissement de véritable *éducation normale*, tel que le requièrent nos réformes projetées ou en voie de s'accomplir.

École supérieure du commerce. Je veux dire seulement quelques mots d'une école encore jeune, qui ne tient à l'enseignement primaire que par des liens assez lâches : c'est l'école supérieure du commerce et de l'industrie, dirigée par la Société philomathique et fondée en 1874 sous le patronage du conseil général, de la ville de Bordeaux et de la chambre de commerce. Elle est établie dans un très beau local, où la Société donne aussi ses cours d'adultes, et pourvue de salles spacieuses, de collections de toute sorte qui s'enrichissent de jour en jour, d'un cabinet de physique et d'un laboratoire de chimie, d'une bibliothèque technique, d'un atelier de machines mues par un moteur à vapeur, etc. Il y a deux ordres distincts d'enseignement, l'ordre commercial et l'ordre industriel. Le premier est destiné à former de bons commis, aptes à devenir plus tard des chefs de maison : le second, des contremaîtres assez experts et assez savants tout ensemble pour devenir un jour des chefs d'industrie. La durée des études est de deux années; l'examen final a pour sanction un diplôme. Des bourses de voyage de 2,500 et 1,500 francs sont accordées par la chambre de commerce aux deux meilleurs élèves sortants. L'école et les corps fondateurs s'occupent de préparer des emplois aux diplômés. Tous les élèves sont externes; la rétribution annuelle est de 200 francs; des bourses ont été fondées par les départements de la Gironde et des Landes, les villes de Bordeaux, Langon, etc.

La limite inférieure d'âge pour l'admission est de 15 ans : on entre à la suite d'un examen portant sur l'orthographe, la composition française, l'arithmétique, la physique, la géographie, dont le niveau est resté jusqu'à présent assez peu élevé. Des 75 élèves, la plupart n'ont reçu d'autre éducation préparatoire que celle des écoles primaires, quelques-uns celle de l'école supérieure. L'école ne voit pas encore venir à elle les fils des grandes familles du commerce ou de l'industrie.

Les programmes sont riches, et ils m'ont paru bien adaptés aux deux fins que l'on se propose. L'enseignement est à la fois théorique et pratique; et l'instruction pratique abonde en moyens de toute sorte, soit à l'intérieur de l'établissement, soit au dehors. Un cours à la fois théorique et pratique d'un grand intérêt est celui du *bureau commercial,* emprunté à notre ancienne école de Mulhouse : les jeunes gens s'y exercent, sous la direction d'un maître éprouvé, à toutes les opérations du commerce et de la banque. A en juger par les programmes, par les leçons que j'ai entendues et par les réponses des élèves, l'enseignement, dans ses diverses branches, est sérieux, et l'on exige des élèves un travail assidu.

Je me permets de signaler trois points qui me semblent faibles :

1° L'examen d'admission, tel qu'il se pratique, ne justifie pas d'une éducation première assez forte, en particulier dans ce qui concerne le français et l'habitude de rédiger.

2° Ce défaut n'est corrigé qu'incomplètement dans le cours des études. La langue française ne figure dans le programme des leçons qu'à un rang secondaire : deux heures par semaine en première année; et une heure seulement, si je ne me trompe, en deuxième année. L'histoire n'apparait que sous la forme spéciale de l'histoire des développements du commerce et de l'industrie; il est vrai que, même dans ces limites restreintes, un professeur de mérite peut la rendre et la rend en effet, à ce que l'on m'assure, singulièrement intéressante et *éducative.* L'enseignement philosophique et moral n'existe pas. Ces lacunes paraîtront regrettables si on considère que l'on n'a pas affaire ici à des jeunes gens de 18 ou 20 ans, qui, après avoir achevé leur éducation secondaire, viendraient recevoir ici une instruction technique, mais à des adolescents de 15 et 16 ans qui n'auront jamais d'autre culture générale que celle qu'ils reçoivent à l'école supérieure.

3° Les langues vivantes, anglais, allemand, espagnol, dont l'étude est obligatoire (deux langues à la fois pour la section du commerce, une pour l'industrie), n'occupent chacune que deux heures par semaine : il ne faut pas s'étonner que les résultats ne dépassent pas ceux que l'on obtient dans les collèges secondaires, et que nous estimons avec raison tout à fait insuffisants.

Il y a tout lieu d'espérer que l'école de Bordeaux perfectionnera peu à peu ses moyens d'instruction générale, comme elle s'applique à compléter son enseignement spécial.

Je me suis longuement étendu sur les écoles de la Gironde et en particulier de Bordeaux, et je suis bien loin d'avoir tout dit. Il faudrait, pour tracer un tableau fidèle, parler des très nombreuses écoles privées (de filles et de garçons, pensionnats et externats, élémentaires et moyennes) où la bourgeoisie de tout degré envoie de préférence ses enfants. J'ai lieu de croire, d'après ce que j'ai observé de mes yeux ou ce que j'ai appris des meilleures sources, que ces établissements, loin d'être supérieurs aux écoles publiques, leur sont en général inférieurs : quelques-uns seulement les égalent. J'oserais ajouter que les municipalités et les directeurs des écoles communales ne doivent pas avoir de repos qu'ils n'aient élevé leurs établissements de tout ordre à la hauteur d'écoles modèles, non seulement pour les études et pour l'installation matérielle, mais pour la bonne tenue et l'éducation morale.

En résumé, le mouvement scolaire est engagé dans la Gironde sous les meilleurs auspices, et l'on peut témoigner que la ville de Bordeaux, ainsi que je le disais en commençant, a noblement compris et rempli son rôle de chef-lieu du département et de métropole de la province. Ce beau mouvement a besoin de prendre de la consistance, de compléter ses organes, de s'adapter à la diversité des besoins spéciaux, tout en assurant la prééminence à la culture générale; il a besoin enfin de se mêler aux habitudes et aux mœurs du pays, de devenir un produit naturel du sol au lieu d'être une création plus ou moins artificielle de l'autorité, et par là même éphémère. L'important, c'est de fortifier les institutions où se forment les maîtres et les maîtresses, et où ils devraient venir se retremper à des intervalles réguliers. Tout dépend, en définitive, des écoles normales, de celles des femmes non moins que de celles des hommes : le Gouvernement, le conseil général de la Gironde, le conseil municipal de Bordeaux, ne sauraient déployer trop de sollicitude pour les mettre l'une et l'autre en état de répondre aux besoins de plus en plus complexes de notre état démocratique.

Agréez, Monsieur le Ministre, l'assurance de mon respectueux dévouement.

Félix PÉCAUT,

Délégué à l'inspection générale de l'enseignement primaire.

Bordeaux, 20 mai 1880.

DÉPARTEMENT DE LA DORDOGNE.

Monsieur le Ministre,

La Dordogne compte autant de circonscriptions d'inspection primaire que d'arrondissements : Périgueux, avec 113 communes; Bergerac, avec 172; Nontron, 80; Ribérac, 85; Sarlat, 133. Deux inspections sont évidemment surchargées, et d'autant plus que les communications sont moins aisées : celles de Bergerac et de Sarlat. Quant à celle de Périgueux, elle a plus de 300 écoles pour 113 communes, et l'inspecteur est en outre chargé de tous les travaux supplémentaires attachés à la résidence du chef-lieu. Il y a donc lieu d'insister de nouveau sur la création d'un nouveau ressort, dont le siège pourrait être à Périgueux même, et faciliterait une plus équitable répartition des communes.

CIRCONSCRIPTION DE PÉRIGUEUX.

Inspecteur : M. RIBIÈRE.

Peu de changements dans les chiffres statistiques de l'année dernière. Il y a progrès dans la fréquentation scolaire. Le nombre des enfants de 7 à 13 ans étant de 10,698, celui des élèves inscrits de 9,445, on trouve un déficit de 1,583, soit environ 15 p. 0/0. Si l'on tient compte des enfants qui suivent l'enseignement secondaire ou qui reçoivent l'éducation dans la famille, ce déficit descend à 14 p. 0/0. Il serait d'environ 16 à 17 p. 0/0 pour le département tout entier. En 1878, il atteignait 17 à 18 p. 0/0 pour l'arrondissement de Périgueux, 19 à 20 pour l'ensemble du département. Il y a donc un pas fait en avant; mais c'est encore beaucoup d'« illettrés ». Je signalerai plus loin les causes générales de cet écart de chiffres, qui s'aggrave durant plusieurs mois de l'année par le défaut d'assiduité.

Les écoles de la ville de Périgueux, toutes laïques à l'exception d'une seule, sont en bonne voie. Elles ont à leur tête de bons directeurs, assistés d'un certain nombre de bons maîtres adjoints. Je signale en particulier l'école Saint-Martin de garçons), dirigée par M. Deschamps, qui reçoit 600 élèves; elle est organisée d'après le plan d'études de Paris, avec plusieurs sections pour chacun des trois cours, une section supérieure préparatoire aux emplois d'administration, commerce, école d'Angers, etc. etc., et enfin une ébauche de *division professionnelle* à l'instar de l'école de la rue Tournefort. Malheureusement les locaux de toutes les écoles, sauf peut-être celui des *Frères*, sont insuffisants; les cours de récréation le sont encore plus. La municipalité fait en ce moment de grands sacrifices pour reconstruire, agrandir ou réparer; je crains qu'ils ne restent au-dessous des nécessités pressantes. Je signale en particulier, outre la médiocre étendue des cours, l'absence de grands préaux couverts. Il appartiendrait à la ville chef-lieu, qui s'est distinguée par plus d'une louable initiative, d'offrir dans ses établissements des modèles d'installation et de mobilier à toutes les communes de son ressort.

Il devrait en être de même de l'enseignement. Les écoles de Périgueux comptent à juste titre parmi les meilleures de la Dordogne, mais elles sont loin de pouvoir être citées en exemple sans de notables réserves. La lecture est indistincte. La leçon de composition française donne en général de médiocres résultats. Comme il n'y a pas de bibliothèques scolaires (excepté, je crois, un petit nombre de livres à l'école Saint-Martin), les élèves n'ont d'autre ressource que les manuels de classe. Il y a des divisions trop nombreuses pour être aisément conduites par un seul maître, ou trop sectionnées; il en résulte que la leçon reste limitée à quelques élèves. Les maîtres eux-mêmes, ici comme ailleurs, ne s'ingénient pas autant qu'il le faudrait à associer tous leurs élèves à la fois au mouvement de la classe. Enfin, la classe *supérieure* établie dans toutes les écoles, et qui prépare au commerce, à l'industrie, etc., est encore loin d'avoir une organisation normale en ce qui concerne les programmes, les examens, les moyens auxiliaires de toute sorte. J'ajoute que l'instruction élémentaire, à Périgueux, gagnerait beaucoup à s'appuyer sur une *école supérieure spéciale* fortement constituée. La municipalité tiendra sûrement à honneur d'ajouter bientôt ce complément à ses institutions scolaires.

Les cours d'adultes de l'arrondissement ne prospèrent pas, excepté au chef-lieu. Ils sont mal organisés, mal suivis, peu appréciés de la population.

Ni chant ni gymnastique dans les écoles, à très peu d'exceptions près. Le dessin n'est enseigné que dans 15 écoles; les éléments d'horticulture et d'agriculture dans une cinquantaine. Les caisses d'épargne scolaires ne sont pas florissantes : 57 seulement pour tout l'arrondissement, avec 278 livrets. Peu de bibliothèques et encore moins de livres, même à Périgueux. Je conseille aux directeurs de conduire eux-mêmes leurs élèves de la division supérieure, une fois par semaine ou par quinzaine, à la *bibliothèque populaire* de la ville pour les approvisionner d'ouvrages bien choisis. Quant aux *bibliothèques pédagogiques* établies dans tous les cantons, elles servent jusqu'à présent de peu : les instituteurs ne lisent guère; ils allèguent la difficulté des communications; en fait, ils ont peu de goût pour l'étude. Il est juste de dire que ces bibliothèques sont encore bien maigrement pourvues. De *musées scolaires*, point. J'en ai vu un commencement à l'école Saint-Martin.

En revanche, les *conférences* réussissent bien. Elles sont obligatoires dans tous les cantons; les maîtresses congréganistes mêmes y assistent, excepté quelques-unes qui opposent «leurs statuts».

Le certificat primaire entre peu à peu dans les mœurs. Il y a eu cette année 94 certificats délivrés dans le seul arrondissement de Périgueux. La bonne constitution du jury d'examen (trois instituteurs du canton, le curé, qui vient rarement, et l'inspecteur primaire) encourage les instituteurs à préparer des élèves. Les filles aspirantes sont dans la proportion d'un peu plus d'un tiers (32 inscrites : 22 admises sur les 72). Les familles s'aperçoivent que ce petit diplôme peut servir à quelque chose pour plusieurs emplois : aussi consentent-elles de plus en plus à prolonger les études de leurs enfants, ce qui contribue à élever le niveau de toute l'école.

Les salles d'asile sont très peu nombreuses et toutes congréganistes. Les petits enfants encombrent les écoles au détriment des études.

Je ne fais que signaler en passant un défaut grave qui s'étend à tout le département : il n'y a pas d'organisation arrêtée et uniforme des classes et des programmes.

Pour améliorer sensiblement cet état de choses, il faudrait une inspection plus suivie : elle est impossible, tant que le sixième poste ne sera pas créé. Cette année, 30 communes n'ont pas reçu de visites; il est vrai que des occupations exceptionnelles sont venues surprendre M. Rebierre, qui est d'ailleurs un inspecteur consciencieux et qui gémit tout le premier de ne pas suffire à la tâche.

CIRCONSCRIPTION DE NONTRON.

Inspecteur : M. CANGARDEL.

80 communes, avec 140 écoles publiques, dont 57 de garçons et 24 mixtes, toutes laïques; 140 écoles laïques de filles et 16 congréganistes. Une seule commune, Sainte-Croix, est encore dépourvue d'école : on y construit une maison.

Il y a 10 écoles libres, dont 1 congréganiste de garçons et 4 congréganistes de filles; 6 asiles, dont 5 publics et 1 libre, tous congréganistes.

Depuis un an il a été créé 4 écoles publiques laïques de filles, 1 salle d'asile, 2 écoles de hameau; une troisième école de hameau va s'ouvrir.

Les écoles publiques sont logées dans 87 locaux loués, 6 prêtés, 47 communaux : c'est dire que l'installation d'un très grand nombre est des plus misérables.

9 écoles sont en voie de construction; 13 sont l'objet de plans déjà approuvés; 14 de plans soumis à l'approbation.

La proportion des *illettrés* de 6 à 13 ans va diminuant d'année en année. A ne consulter que le chiffre des élèves inscrits (7,758) et celui de la population (8,100), elle se réduirait presque à rien. Mais l'irrégularité de la fréquentation, d'une part, la médiocre qualité de l'enseignement, de l'autre, atténuent beaucoup cette apparente prospérité. Une vingtaine d'écoles environ peuvent, au rapport de l'inspecteur primaire, être déclarées *bonnes;* un grand nombre sont médiocres. On voudrait du moins trouver les chefs-lieux de canton bien pourvus : si j'en juge par *Thiviers,* que j'ai visité en grand détail, il y a fort à faire. Ce n'est pas seulement l'*esprit pédagogique* qui paraît manquer, ainsi qu'un plan d'études défini et uniforme, c'est dans beaucoup de communes l'activité même et le zèle persévérant. Les maîtres se plaignent de la molle éducation de famille et du peu de concours qu'il trouvent chez les parents. Sont-ils bien sûrs d'avoir fait tout ce qui était en leur pouvoir pour surmonter cet obstacle?

Thiviers demande à fonder une école supérieure; le conseil municipal est très bien disposé. Mais il convient d'abord de relever l'école élémentaire.

Il y a 23 bibliothèques scolaires; deux conseils municipaux ont voté pour cet objet 162 francs. Une bibliothèque pédagogique a été fondée en 1877 dans chacun des huit cantons, au moyen des petites souscriptions volontaires des instituteurs. Elles possèdent *ensemble* 50 ouvrages. On voit que l'institution est encore entre vie et mort. Elle vivra pourtant si l'impulsion du dehors (j'entends celle du chef-lieu et de Paris) vient seconder celle de M. l'inspecteur de Nontron.

Les conférences pédagogiques ont eu lieu cette année dans trois cantons. Elles vont s'organiser partout. Les maîtres, ici comme partout, semblent heureux d'échapper à leur isolement. Encore une institution fragile, qui, pour s'affermir, demande du temps et les meilleurs soins des inspecteurs.

Il y a eu 47 certificats d'études délivrés en 1879.

CIRCONSCRIPTION DE RIBÉRAC.

Inspecteur : M. BÉTEILLE.

Peu de changements dans les chiffres de l'année dernière. Il faudrait créer ici, comme dans toute la Dordogne, des écoles de hameau : il n'y en a toujours que 3; il en faudrait 8 ou 9, dont 2 urgentes; mais l'État seul en pourrait faire les frais.

Il n'a été ajouté aucune bibliothèque scolaire aux 58 déjà existantes. Le nombre des caisses d'épargne n'augmente pas : 31 seulement; mais il y a plus de livrets que l'année dernière.

Il a été fondé 3 conférences cantonales. Avant la fin de l'année il y en aura partout. Les instituteurs y viennent avec plaisir.

Beaucoup d'écoles ont des locaux loués. On construit une dizaine de maisons. J'ai vu celle de Monpont, chef-lieu du canton, qui sera très belle. Il y en a sept ou huit autres dont les plans sont à l'étude. Les communes rurales mettent du temps à s'ébranler malgré les sollicitations de la loi sur la caisse des écoles. La ville de Ribérac, qui a une école de garçons de 135 élèves, veut fonder une école primaire supérieure. Elle a voté 20,000 francs pour l'appropriation du local; elle a reçu du Ministre un secours de 10,000 francs pour le même objet et en outre 6,000 francs pour le traitement des instituteurs. Il n'y a plus qu'à organiser l'école; ce ne sera pas une petite affaire.

L'enseignement est encore arriéré, excepté dans quelques établissements. Il l'est surtout pour les filles et aussi bien chez les laïques que chez les congréganistes, qui occupent les postes principaux. Mais les instituteurs ne demandent en général qu'à marcher.

La fréquentation scolaire augmente par suite de l'application plus étendue de la gratuité. Mais l'assiduité est très intermittente et les familles montrent beaucoup d'indifférence.

CIRCONSCRIPTION DE SARLAT.

Inspecteur : M. RIVIÈRE.

133 communes à visiter, avec 250 écoles! M. Rivière les a pourtant vues toutes dans le courant de la première année, une exceptée! Mais c'est un effort exceptionnel, et qui ne peut évidemment aboutir qu'à des résultats incomplets et superficiels. Les chiffres statistiques des précédents rapports n'ont guère varié. Peu de constructions nouvelles. Pas de nouvelles bibliothèques; tout l'arrondissement n'en compte que 20.

Il y a pourtant des progrès. Terrasson, Belvès bâtissent de belles écoles de garçons, où les municipalités songent à créer un enseignement primaire supérieur. Dans l'un et l'autre de ces petits chefs-lieux je visite des écoles nombreuses et bien conduites, qui donnent une idée de ce que devrait être partout l'école du chef-lieu de canton. Je signale en particulier celle de Belvès, qui a à sa tête un directeur énergique et habile. Il y en a quelques autres d'une valeur à peu près égale. Mais l'ensemble laisse beaucoup à désirer, surtout les écoles de filles, mal installées et mal dirigées. Les mobiliers scolaires ne valent pas mieux que les locaux. Les conférences pédagogiques s'organisent partout. On y apporte de l'entrain. Il y aura une bibliothèque pédagogique par canton. Mais tout cela est presque à naître. Les certificats d'études ont augmenté en nombre : 84 en 1870.

CIRCONSCRIPTION DE BERGERAC.

Inspecteur : M. PAULIET.

172 communes! 300 écoles, dont 243 publiques, 43 libres! M. Pauliet les a presque toutes visitées en un an, et quelques-unes plusieurs fois.

Il y a peu de changements dans les chiffres de l'année dernière. Au lieu de 22 communes au-dessus de 500 âmes n'ayant pas d'écoles publiques de filles, il n'y en a que 15; au lieu de 21 caisses d'épargne, 23; et 200 livrets au lieu de 185. Dans les bibliothèques, 2,193 volumes au lieu de 1,266; mais on lit peu.

Les 13 cantons ont leurs conférences respectives; 8 ont leurs bibliothèques pédagogiques, qui ont de la peine à naître, mais que les conférences, si elles sont bien conduites, feront vivre. La bibliothèque s'alimente à l'aide de souscriptions annuelles de 2 francs et de dons de l'État ou des particuliers.

La municipalité de Bergerac est animée des meilleures dispositions; elle a déjà fait beaucoup pour l'instruction primaire; elle ferait davantage si elle n'avait à supporter de grandes charges financières. Elle a fondé cette année une seconde école communale laïque de garçons et une autre de filles. Une école enfantine et un asile seraient nécessaires.

Les familles rurales ne sont pas indifférentes à l'instruction; mais, la belle saison venue, elles rappellent les enfants, et le fruit du travail de l'hiver est à moitié perdu.

Presque tous les instituteurs sont abonnés à un journal pédagogique.

Les chefs-lieux de canton ont, en général, d'assez bonnes écoles. Celle de Bergerac, la plus ancienne, est bien dirigée; mais elle a une division moyenne assez mal tenue et une division élémentaire chargée de petits enfants. On me signale celle d'Eymé comme une des meilleures. Les écoles rurales, surtout celles dont les instituteurs n'ont pas suivi les *cours de l'école normale*, sont en général médiocres.

M. Pauliet est arrivé depuis trop peu de temps pour avoir pu accomplir de notables réformes; mais il a la ferme volonté et, je crois, les moyens d'imprimer une meilleure impulsion à l'arrondissement. Il trouvera, s'il le veut bien, un concours efficace dans les conseils municipaux et chez les notables du pays.

SITUATION GÉNÉRALE DU DÉPARTEMENT.

Ce département s'ébranle : il marche; mais le mouvement est lent et incertain, borné à un petit nombre d'écoles dans chaque circonscription, trop peu général encore et trop superficiel pour n'être pas sujet à des retours fâcheux ou à des interruptions graves. Périgueux tient le premier rang; de simples chefs-lieux de canton, tels que Belvès, où se rencontrent d'excellents directeurs, viennent en seconde ligne. Il y a une petite élite de bons maîtres, actifs, dévoués, ingénieux, d'une instruction suffisante, bien qu'un peu étroite et trop *spéciale*. Malheureusement il y en a beaucoup de médiocres, à qui manque une forte éducation professionnelle et qui n'apprennent plus rien à partir de l'examen du brevet.

La moitié des instituteurs au moins ne vient pas de l'école normale, mais des écoles élémentaires. Quelques-uns, bien doués et qui ont eu la bonne fortune de rencontrer des maîtres habiles, peuvent être assimilés aux élèves de l'école normale; mais la plupart se ressentent jusqu'à la fin de leur carrière du défaut de préparation régulière et prolongée.

Quant à ceux qui ont traversé l'école, on remarque qu'ils sont mieux munis de savoir, et d'un savoir plus méthodique; toutefois il leur manque généralement deux choses : le goût de s'instruire et l'art d'enseigner. Il y a là deux points essentiels sur lesquels l'éducation normale est encore faible. L'enseignement des filles est d'une déplorable pauvreté. Le plus grand nombre des institutrices, plus des trois quarts, se sont préparées dans les écoles primaires, publiques ou privées; quelques-unes seulement, environ un cinquième, au cours normal de Terrasson. Les unes comme les autres ont satisfait à l'examen d'aptitude, mais sans avoir reçu une culture d'esprit méthodique ni approfondie, sans connaître sérieusement les premiers éléments de la pédagogie théorique ou pratique, surtout sans être capables de continuer toutes seules leurs études, qu'elles interrompent de fait à l'âge de dix-sept ou dix-huit ans. Partout les inspecteurs constatent que le niveau des maîtresses est de beaucoup inférieur à celui des maîtres; on peut juger dès lors de ce que valent les élèves.

Dans quelques écoles de filles, il est vrai, on trouve une *division supérieure* assez bonne, composée d'aspirantes au certificat d'études primaires ou au cours normal, quelquefois même au brevet; mais le reste des élèves ne dépasse pas un très bas degré d'instruction. La présence de ces aspirantes au brevet ne laisse pas que de présenter des inconvénients à côté de quelques avantages. L'attention de la directrice se portant de préférence de ce côté, il est à craindre que le reste de l'école n'en souffre. D'autre part, ces aspirantes deviennent, au besoin, de bonnes monitrices pour les classes inférieures ou moyennes, et, bien dirigées dans l'accomplissement de cet office, elles y gagnent, sinon de bons principes, du moins une certaine habitude d'enseigner et de tenir la classe [1].

Les livres de classe s'améliorent partout. Les écoles congréganistes sont encore en arrière; mais la plupart ne refusent pas de suivre, au moins en partie, les indications des inspecteurs. L'esprit et les mœurs de la population semblent contribuer pour une grande part à l'état peu prospère de l'instruction publique. D'une part, le tempérament un peu indolent du pays; de l'autre, une éducation de famille où l'autorité paternelle s'exerce mollement, concourent mal à la discipline de l'école, à la régularité de la fréquentation, à l'énergie du travail. Mais cette cause de faiblesse, toute réelle et importante qu'elle est, n'explique ni n'excuse tout. La principale, la grande raison, il faut la chercher sans doute dans les maîtres eux-mêmes, qui n'ont ni assez de culture d'esprit ni assez de volonté soit pour constituer un robuste enseignement avec une ferme discipline, soit pour rallier les familles à l'école. Toutefois il y aurait injustice à ne pas ajouter que l'infériorité des maîtres tient à l'insuffisante ou fausse impulsion qu'ils ont reçue à l'origine, à leur éducation hâtive, incomplète, superficielle, toute concertée en vue de l'examen et presque exclusivement mnémonique ou logique. Elle tient aussi à l'isolement professionnel presque absolu où ils ont vécu jusqu'à ce jour, n'étant tenus ni même incités à aucun effort de perfectionnement, n'ayant point de termes de comparaison pour juger leurs propres écoles, réduits à la visite annuelle de l'inspecteur, ne possédant pour la plupart d'autres livres que les manuels indispensables et n'éprouvant aucun désir de s'en procurer.

Il faut tenir compte de tout cela pour ne pas s'étonner du peu de progrès réel de l'instruction primaire, ou plutôt de ce que les résultats acquis ont de précaire et de superficiel. Ce n'est pas un remède *unique* qui guérira le mal : il y faut un concert d'impulsions diverses qui s'appuient l'une sur l'autre et se complètent. Ni la réforme de l'éducation normale ne saurait suffire, ni l'inspection plus fréquente : il faut que l'inspection ne soit pas un simple appareil de contrôle, mais un appareil d'éducation; qu'à son tour elle ne soit pas isolée et comme suspendue en l'air, mais qu'elle s'appuie à des conférences régulières, composées à la fois

[1] Dans une de ces écoles, tenue par des sœurs de Sainte-Marthe, j'ai assisté à un curieux exercice, excellent en principe et que j'avais recommandé quelques jours auparavant à l'école normale; on le pratique à Monpont (arrondissement de Ribérac) d'une singulière façon. Les élèves de la division supérieure, notamment les aspirantes au brevet, sont chargées à tour de rôle d'exposer *ex cathedrâ* un chapitre d'histoire. Elles s'y préparent à l'aide de cahiers et de livres. Malheureusement cet exercice tourne à la rhétorique; «l'orateur» récite un morceau écrit en style déclamatoire et dépourvu de sens historique, au lieu de raconter simplement, sans autre souci que celui de l'exactitude des faits et de l'ordre du récit. Néanmoins l'idée est bonne et digne d'être proposée à l'imitation : il n'est que de la bien appliquer. Je dois ajouter qu'au-dessous de cette classe, conduite avec beaucoup de soin, les autres font pauvre figure.

d'*étude* et de *pratique*, et à des bibliothèques de composition variée. Il se formera ainsi un air ambiant, une atmosphère scolaire où les maîtres respireront incessamment la vie.

Une réforme urgente et capitale à accomplir, c'est l'établissement d'une organisation bien définie des classes et des programmes. Aujourd'hui chaque instituteur est à peu près abandonné à lui-même pour la distribution des matières et la marche des études : c'est beaucoup trop compter sur l'initiative individuelle. On arrive ainsi, dans le fait, à une sorte d'improvisation au jour le jour du plan d'études. MM. les inspecteurs le comprennent; ils s'appliquent de leur mieux à atténuer le mal par leurs sages avis, mais il faut en arriver à des mesures générales, réglées jusque dans le détail, sauf à les assouplir selon les circonstances. M. l'inspecteur de Bergerac est à la veille de proposer aux instituteurs de son ressort un plan qu'il a élaboré avec soin.

Tout cela se fera peu à peu. Dans la Dordogne, l'*école normale* des instituteurs, qui compte 55 élèves, est en voie de s'améliorer; elle cherche à compléter et à vivifier son enseignement. La partie littéraire, ou pour mieux dire la composition française, si faible dans toutes les écoles primaires, sera l'objet de soins nouveaux. La doctrine et l'art pédagogiques, trop négligés parmi nous, vont prendre le rang qui leur convient dans les études et les exercices pratiques. Les lectures libres, individuelles, qui servent à féconder les leçons du maître et à éveiller les forces spontanées de l'élève, auront leur place dans l'emploi hebdomadaire du temps. Il faut aussi que l'*école annexe* devienne une école primaire *modèle* et une véritable école *expérimentale* pour les élèves-maîtres. Mais ce qui importe le plus, c'est que l'enseignement normal soit conçu de façon à n'être pas l'enseignement définitif et clos une fois pour toutes, mais l'initiation à une éducation personnelle qui dure autant que la vie. A ce prix, les *brevetés* seront des *instituteurs*, au noble sens du mot, et les écoles primaires seront dignes de former une démocratie intelligente. L'école normale de Périgueux n'en est pas encore là; mais j'ai lieu de croire que le directeur et les professeurs y tendent d'un effort sincère.

Je dois rendre hommage au zèle de la commission de surveillance, qui prête son concours assidu pour les examens intérieurs de l'école.

Le *cours normal* d'institutrices de Terrasson est dirigé par les *sœurs du Sauveur*, dont la maison mère est à *la Souterraine*. Il reçoit 26 boursières ou demi-boursières, réparties en trois années, auxquelles se joignent 34 élèves libres qui aspirent aussi au brevet. Dans la même maison se trouve un pensionnat de 140 élèves environ, payant 400 francs, venues de tous les points du département et des cantons limitrophes. A ce pensionnat est annexé un *cours complémentaire normal*, qui prépare aussi au brevet. On m'assure que les deux *cours normaux* restent entièrement séparés l'un de l'autre quant aux maîtresses et aux leçons.

Au cours normal du *département* sont attachées trois maîtresses brevetées (brevet élémentaire). La maison jouit dans le pays d'une bonne réputation. A la session de juillet 1879, elle avait eu presque autant de brevetées que d'aspirantes; à celle de mars, elle a eu 4 élèves admises sur 8 présentées.

Les jeunes filles ont l'air intelligent et une bonne tenue; il est facile de reconnaître qu'elles travaillent beaucoup. La préparation à l'*examen* se fait avec soin et non sans succès. Les élèves répondent en général assez bien sur la grammaire, la géographie, l'histoire, l'arithmétique. La lecture, ici comme à Périgueux, est médiocre. Cela dit, je dois ajouter que l'éducation normale est limitée au strict nécessaire. Elle se confond strictement avec la préparation au brevet. La composition française est médiocre de fond et de forme; on n'y sent pas l'effort de la réflexion ni de l'appropriation personnelle. Il est facile de voir que les élèves ne s'approvisionnent d'idées et de style que dans les manuels de classe et dans les cahiers; elles ne lisent rien au dehors. De là résulte un défaut de culture profonde qui les empêchera plus tard de continuer à se développer elles-mêmes.

Quant à la pédagogie, elle n'existe que sur le papier, j'entends dans des cahiers copiés et récités, aussi impropres à donner une idée fidèle de cette science et de cet art qu'à en éveiller le goût. Point de leçons de sciences physiques.

Quand on songe à la médiocre qualité de l'instruction qui se donne dans la plupart des écoles de filles du département, et par conséquent à l'insuffisante préparation des élèves qui se présentent au cours normal, on n'est assurément pas tenté de déprécier les résultats obtenus à grand'peine par les Sœurs de Terrasson.

Mais ces résultats sont, je le crains, superficiels; cette préparation s'adresse principalement à la mémoire, ou tout au moins au raisonnement logique; elle ne pénètre en aucune façon au vif des choses; elle n'éveille pas l'initiative individuelle; elle ne féconde pas l'esprit. En outre, elle reste absolument dépourvue d'éléments pédagogiques.

Le département de la Dordogne ne relèvera le niveau de l'enseignement des filles qu'en fondant une véritable école normale, bien pourvue de professeurs du degré supérieur et de moyens complémentaires de toute sorte.

La commission de surveillance du cours de Terrasson paraît n'intervenir que rarement et dans la moindre mesure.

Il se fonde partout des *conférences pédagogiques* qui sont, à ce qu'il paraît, bien accueillies par les instituteurs. Dans certains arrondissements, on y convoque aussi les institutrices, et la plupart des religieuses mêmes se rendent à l'appel.

Cette institution vaudra tout ce que la feront valoir MM. les inspecteurs; son avenir est entre leurs mains. Elle peut dépérir, à peine née, faute de substance et de souffle, comme elle peut prendre racine et rendre les meilleurs services. J'ai conseillé de joindre toujours à la *conférence d'études* (comptes rendus de livres, discussion sur les méthodes, etc.) des *leçons pratiques*, données par trois ou quatre maîtres, en présence de leurs collègues, à une classe d'élèves primaires, sur des sujets mis d'avance à l'ordre du jour. La leçon achevée, chacun sera appelé à donner son avis, en l'absence des élèves, sur la manière dont elle a été faite; l'inspecteur dirige le débat, et lui-même, au besoin, répète la leçon, ou, mieux encore, la continue, afin d'ajouter l'exemple au précepte.

Les *bibliothèques scolaires* n'existent pour ainsi dire pas, et les bibliothèques pédagogiques ne font que de naître. Ni les maîtres ni les élèves ne lisent; en général ils ont même peu de goût à lire. Ce fait témoigne à lui seul de l'état peu avancé de l'instruction dans la Dordogne. Ce n'est pas tant les *moyens* qui manquent, c'est plutôt l'*esprit*, c'est-à-dire à la fois la culture générale, le désir d'apprendre, le sens même de l'éducation.

Cependant il s'en faut que les *moyens* (je parle des moyens matériels) répondent aux besoins les plus élémentaires. La transformation des locaux n'est, pour ainsi dire, que commencée. On est saisi de tristesse et de pitié quand on voit dans quelles misérables conditions beaucoup de maîtres sont réduits à enseigner durant tout le jour et l'année entière. C'est pis encore pour les filles. L'encombrement est tel dans beaucoup de classes, même à Périgueux, à Terrasson, à Bergerac, à Belvès, que l'on est réduit aux plus piteux expédients pour isoler les groupes et rendre les leçons possibles. Le meilleur consiste à expédier dans la cour un certain nombre d'enfants; là du moins l'air n'est pas vicié ni le bruit assourdissant. Il y a telle école où la maîtresse n'a pas de plus sûr abri pour y donner ses leçons les plus sérieuses que le vaste manteau de la cheminée. On se demande comment la santé d'un homme, et surtout celle d'une femme, résiste à de pareilles fatigues, et l'on est tenté de se reprocher comme une injustice l'invitation qu'on adresse aux maîtres d'animer et de renouveler leur enseignement.

Toutefois cet état de choses s'améliore. Les chefs-lieux d'arrondissement et de canton construisent, agrandissent, réparent; on peut seulement reprocher aux architectes de ne pas consulter assez les convenances scolaires, qu'ils n'ont jamais étudiées de près; ainsi, pour les cours de récréation, les hangars ou préaux couverts, les cloisons mobiles entre les classes, etc. Le mouvement de construction d'écoles s'étend peu à peu, mais encore très lentement, aux communes rurales. En 1879, il a été soumis 61 projets à l'Administration, pour lesquels des demandes de secours ont été classées par le conseil général; la dépense totale s'élève à 1,176,000 francs. Le chiffre des ressources communales affectées à ces maisons est de 590,000 francs; celui des secours demandés est environ de 585,000 francs.

Les cours d'adultes végètent. Ils sont peu suivis, excepté à Périgueux et dans quelques autres villes.

Le certificat d'études primaires tend à devenir une institution. Un très grand nombre d'écoles préparent des candidats, garçons et filles. Le jury étant composé d'hommes compétents et impartiaux, les maîtres prennent cet examen au sérieux. On m'assure que les soins donnés aux «élèves du certificat» ne nuisent en aucune façon au reste de l'école, et qu'au contraire la présence prolongée de ces élèves accroît la valeur de l'ensemble des classes.

En 1872, il a été délivré : dans l'arrondissement de Périgueux, 94 certificats; à Bergerac, 69; à Nontron, 47; à Ribérac, 59; à Sarlat, 84; total, 374.

Les caisses d'épargne scolaires ne se développent pas. Il y a lieu d'en être surpris dans un pays aussi «épargnant» que le nôtre. On se plaint de toutes parts de la mauvaise grâce que mettent les conseils d'administration et les percepteurs à faciliter les humbles dépôts de nos écoles.

La *caisse des écoles* est encore à naître.

Il ne se crée pas de nouvelles salles d'asile; aussi les petits enfants encombrent-ils les bancs des écoles primaires, au détriment de la discipline et de l'enseignement.

Quelques *écoles primaires supérieures* sont projetées à Ribérac, Belvès, Périgueux. Cette institution si nécessaire, mais si mal définie encore, demandera de M. l'inspecteur d'Académie et des inspecteurs primaires les soins les plus attentifs. Je crains que l'on n'aborde cette création un peu à l'aventure. M. l'inspecteur d'Académie étant absent pour cause de maladie, j'ai fait à ce sujet à MM. Rivière (de Sarlat) et Béteille (de Ribérac) les recommandations les plus expresses.

Les délégations cantonales viennent d'être reconstituées. On verra bientôt si elles prennent au sérieux leur mandat.

CONCLUSIONS.

Voici en résumé les points sur lesquels il convient de porter le principal effort :

1° Presser les conseils municipaux des petites communes rurales de profiter sans retard des facilités offertes par la récente loi pour bâtir de modestes maisons d'école;

2° Insister auprès des municipalités, généralement bien disposées, des chefs-lieux de canton, pour former des classes enfantines.

3° Fortifier le côté éducatif dans l'enseignement de l'école normale, surtout dans l'enseignement littéraire et historique; donner une large place aux exercices pratiques de pédagogie;

4° Établir une école normale d'institutrices;

5° Diriger les examens du brevet de capacité de façon à imposer aux aspirants une préparation plus ample et moins mécanique; insister en particulier sur la composition française;

6° Donner des soins très attentifs aux conférences pédagogiques; y joindre régulièrement des exercices de leçons, préparées à l'avance, devant une classe d'élèves primaires;

7° Développer les bibliothèques scolaires, non moins nécessaires aux instituteurs que les bibliothèques pédagogiques spéciales;

8° Établir un plan général d'organisation des classes et des études, commun à tout le département;

9° Ne déplacer les inspecteurs (sauf de légitimes exceptions) qu'après leur avoir laissé le temps d'accomplir une œuvre appréciable dans une circonscription et d'y donner leur mesure.

J'aurais été heureux de conférer sur ces divers sujets avec M. le préfet et M. l'inspecteur d'Académie; j'ai eu la mauvaise fortune de les trouver l'un et l'autre absents. Mais je me suis entretenu longuement avec MM. les inspecteurs primaires et M. le directeur de l'école normale; j'ai recueilli avec soin leurs renseignements et leurs vœux: tous m'ont paru disposés à poursuivre avec zèle, chacun selon ses moyens respectifs, l'exécution des réformes nécessaires.

Félix PÉCAUT,

Délégué à l'inspection générale de l'enseignement primaire.

Bordeaux, 1er mai 1880.

DÉPARTEMENT DE LOT-ET-GARONNE.

Monsieur le Ministre,

Le riche département de Lot-et-Garonne n'occupe pas le rang auquel le naturel si bien doué de sa population lui permettrait de prétendre. On m'assure, et je suis tout disposé à le croire, qu'il s'est fait dans ces dernières années un grand progrès : mais il est certain qu'on est encore séparé du niveau normal par un grand intervalle. On peut dire toutefois que le branle a été définitivement donné le jour où le conseil général, animé des plus généreuses dispositions et inspiré par un préfet aussi actif qu'intelligent, a décidé de relever l'école normale départementale abolie en 1851. Cette école, qui n'a qu'une année et demie de date, débute sous les meilleurs auspices; les études y sont fortement constituées; le recrutement des élèves-maîtres est bien plus aisé qu'il ne l'était au temps où ils devaient se rendre au delà de Bordeaux, à la Sauve; tout fait prévoir que l'école de Monbran exercera en peu d'années une action salutaire et décisive sur l'enseignement primaire de Lot-et-Garonne.

Statistique. — Sur 326 communes, 18 sont réunies à d'autres pour le service scolaire, bien qu'elles aient plus de 500 habitants : on ne réussira qu'à grand'peine à changer cet état de choses, dont les municipalités s'accommodent volontiers. On compte 466 écoles publiques, 198 écoles libres. Cette année, 10 écoles publiques ont remplacé 10 écoles libres : les substitutions, ainsi que les créations nouvelles, se font au profit des laïques[1]. Dans le cours du présent exercice il a été créé 3 écoles de hameau et 13 écoles de filles.

Pour l'instruction des garçons, il existe 193 écoles communales laïques, 11 écoles communales congréganistes, 14 écoles laïques libres, 6 écoles congréganistes libres. Pour l'instruction des filles : 81 écoles communales laïques, 45 écoles

[1] A Agen, on a ouvert 2 écoles communales laïques de filles. Nérac a établi une école communale de garçons, une école de filles. Tonneins a voté la substitution d'une école laïque de garçons à l'école congréganiste et à l'école protestante, et la création d'une école laïque de filles. Villeneuve a substitué une nouvelle école laïque de garçons à l'école congréganiste, etc. Disons toutefois que, si les écoles laïques de nouvelle date prospèrent de plus en plus, les écoles congréganistes, communales ou libres conservent de très nombreux élèves et n'ont pas perdu leur crédit.

communales congréganistes, 90 écoles libres laïques, 80 écoles libres de filles. Il y a en outre 136 écoles communales laïques mixtes (quant au sexe) et 8 écoles libres mixtes.

28 communes de plus de 800 âmes n'ont pas encore d'écoles de filles. A défaut des conseils municipaux, qui se montrent peu empressés à remplir cette lacune, le conseil général a ouvert un crédit spécial pour encourager la création d'écoles libres de filles dans les communes de 500 âmes.

Ajoutons, pour compléter ce dénombrement : 73 pensionnats primaires et 35 salles d'asile, dont 22 publiques et 13 libres, toutes congréganistes, à l'exception de 3, et recevant 3.366 enfants. Il y a 17 pensionnats de garçons et 56 de filles, parmi lesquels 35 appartiennent aux laïques, 38 aux congréganistes, avec une population de 230 garçons chez les laïques, de 136 chez les congréganistes; de 471 filles chez les laïques, de 923 chez les congréganistes.

La population du département est de 317,000 habitants, la population scolaire de 35,000, soit environ 11 p. o/o; dans ce chiffre, les écoles publiques ont pour leur part 26,154 élèves; les écoles libres, 9,007. Mais il va sans dire que, dans le Lot-et-Garonne comme dans les départements voisins, le chiffre de la fréquentation assidue est bien différent de celui des inscriptions. L'été, au moment des grands travaux de la campagne, il se produit de nombreuses désertions : le fait est aggravé dans ce pays par cette circonstance particulière que les familles aisées ont très peu d'enfants et par conséquent ne peuvent pas se passer de leurs bras à certains moments de presse. Nulle part toutefois le mal n'atteint de telles proportions que dans le canton de Houeilles, sur les confins des Landes (arrondissement de Nérac) : on y évalue à 200 environ le nombre des enfants qui restent à peu près étrangers à l'école par suite de l'extrême dissémination des maisons. De plus, la contrée est si insalubre que les bons instituteurs, malgré l'attrait d'un supplément de 100 francs, n'aiment pas à en affronter le séjour.

Quelques chiffres serviront à marquer d'une manière précise la proportion entre le contingent d'élèves des écoles laïques et celui des écoles congréganistes. Dans les écoles communales, les laïques ont 15,208 garçons, les ecclésiastiques 2,604; les laïques ont 5,448 filles, les congréganistes 2,848. Le rapport des uns aux autres est donc de 20,656 à 4,498. Quant aux écoles libres, les laïques ont 614 garçons, les congréganistes 435 : les laïques ont 3,562 filles, les congréganistes 4,396. En tout, 24,800 élèves chez les laïques, 10,300 chez les congréganistes.

Locaux. Les locaux scolaires appellent encore de très grandes améliorations. Beaucoup ne sont que loués ou prêtés. Les communes laisseraient volontiers se perpétuer cette situation aussi nuisible aux bonnes études qu'à la santé des élèves et des maîtres; mais heureusement le conseil général et le préfet tiennent à honneur d'y porter de prompts remèdes. M. le préfet a pris l'an dernier l'initiative d'un travail d'ensemble, dont M. l'inspecteur général Gérardin a fait mention, et qui me semble mériter d'être exposé en détail. Il a fait préparer par MM. les agents voyers et conducteurs les plans figurés de toutes les maisons d'école du département, avec le devis des réparations, agrandissements, reconstructions jugés nécessaires et du prix des travaux. En même temps il a adressé un questionnaire détaillé, d'une part à MM. les maires, de l'autre à MM. les instituteurs, concernant la situation matérielle de leurs maisons d'école, les réparations qu'ils jugeraient nécessaires, les sommes que les communes seraient disposées à voter.

Il ne s'en est pas tenu là. Une commission, composée d'hommes compétents, a consacré de longues journées à étudier tous ces plans, après les avoir, en beaucoup de cas, vérifiés sur les lieux. Il a été rédigé autant de rapports spéciaux que d'écoles, lesquels ont abouti à des votes formels de la commission.

Il est sorti de là une ample et précieuse collection, réunie presque sans frais, grâce au bon vouloir de MM. les agents voyers, et que l'on a soin de tenir sans cesse à jour. On peut ainsi se rendre compte à tout moment, au chef-lieu, de l'état exact des bâtiments scolaires de chaque commune. La conclusion de ce beau travail préliminaire, c'est qu'il faut affecter plus de 3 millions aux locaux et au mobilier scolaire du département. Mais, sur ce chiffre, plus de 1 million de dépenses peut être ajourné sans de trop graves inconvénients; 2 millions, au contraire, présentent un caractère d'urgence. L'État, sur la demande de M. le préfet Henry, a promis une subvention de 1,200,000 francs payable en quatre annuités: le département donnera 400,000 francs; les communes auront à fournir le reste.

On ne doute pas qu'elles ne le votent avec empressement, en se voyant aidées d'une manière si large. La répartition des subventions est préparée d'avance sur des bases fixes, c'est-à-dire en proportion inverse de la valeur du centime d'imposition et en proportion directe des charges qui grèvent les budgets communaux. C'est ainsi que telle municipalité urbaine est appelée à ne recevoir qu'une subvention de 2 ou 3 dixièmes d'une grosse dépense, tandis qu'une petite commune rurale recevra les 9 dixièmes.

On peut se reposer sur l'activité de M. le préfet du soin de mener à bonne fin en deux ou trois ans cette grande et féconde entreprise. Il restera encore des améliorations importantes à accomplir; mais du moins le principal sera fait, et l'on n'aura plus le douloureux spectacle que j'ai eu tant de fois sous les yeux, d'instituteurs usant leurs forces à lutter toute l'année contre les détestables conditions matérielles de leurs salles de classe. Au reste, le mouvement de transformation est déjà bien marqué. Dans sa dernière session d'avril 1880, le conseil général a accordé des secours à 9 communes de l'arrondissement d'Agen, à 6 de l'arrondissement de Marmande, à 7 de Nérac, à 6 de Villeneuve. La dépense totale est de 497,387 francs; la subvention aux communes s'élève à 248,900 francs; soit 167,890 francs de la part de l'État, et 81,000 francs de la part du département : la part des communes est de 247,000 francs. Ce sont là de beaux commencements, et, en vérité, il n'était pas trop tôt pour donner une semblable impulsion. On en jugera par deux ou trois chiffres. En 1877, les 325 communes possédaient 300 locaux seulement, dont 214 convenables. En 1878, ce nombre s'est élevé à 323, dont 221 convenables à la fois pour le logement de l'instituteur et pour l'école. Quant aux 143 locaux prêtés ou loués, 66 seulement peuvent être qualifiés de convenables. Un grand nombre n'ont pas de jardin.

Le mobilier est aussi très défectueux. De mauvaises tables, et parfois en nombre insuffisant. Partout, excepté dans quelques très rares écoles, des cartes surannées, usées; j'ai vu telle grande école urbaine de filles, très bien conduite d'ailleurs, qui n'avait pas de carte de France : les instituteurs suppléent à ce qui leur manque par de petits atlas, ou çà et là, à Lavardac par exemple, en traçant eux-mêmes sur un tableau noir les contours d'une carte muette. Cette pénurie extrême d'appareils techniques nécessaires ou simplement utiles, cartes, globes, collections métriques, tableaux divers, est un des traits principaux de la situation du département; on l'observe même dans les villes, à Agen, à Villeneuve, à Tonneins, comme dans les villages : Nérac fait exception. On ne peut trop s'étonner que les grandes municipalités, prévoyantes et généreuses sur d'autres points, aient fermé l'oreille sur celui-là aux réclamations des maîtres et des inspecteurs. Mais on prend maintenant la sage précaution de faire figurer dans tout plan de construction ou d'agrandissement le mobilier scolaire avec le mobilier technique indispensable.

Études. Voici comment les écoles ont été classées, quant à leur valeur, par M. l'inspecteur d'Académie :

	Garçons.	Filles.	Mixtes.
Très bonnes	40	32	8
Bonnes	74	80	40
Assez bonnes	83	118	56
Médiocres	27	26	26

Sans doute, MM. les inspecteurs n'ont entendu donner à ces chiffres qu'une valeur relative. Les écoles qualifiées *très bonnes* présentent plus d'une lacune et plus d'un excès; les *bonnes* pèchent par des côtés importants; et il en est parmi les *assez bonnes* dont MM. les directeurs eux-mêmes conviennent avec une louable franchise qu'à les prendre en leur état présent et d'une manière absolue, c'est-à-dire sans avoir égard à plus d'une circonstance atténuante, elles méritent encore de s'appeler *médiocres;* il en est enfin de la dernière catégorie qui, pour une cause ou pour une autre, par la faute des circonstances et par celle du maître réunies, sont d'une grande faiblesse. Pour aller jusqu'au bout dans cet aveu sincère, je dirai que l'examen de certaines écoles en grand crédit, et notamment d'écoles congréganistes, m'a laissé une impression pénible : non seulement la moyenne des élèves m'a paru y rester en arrière du mouvement apparent de la classe, mais ce mouvement même m'a paru très défectueux, quelquefois désordonné, mal conduit par le maître spécial, mal contrôlé par le directeur, et, pour tout dire, mieux pourvu de mécanisme que d'intelligence.

La vérité est qu'il y a dans le Lot-et-Garonne, si l'on peut ainsi parler, une *tête* d'enseignement primaire remarquable. On trouve dans un certain nombre de petites villes, et même dans les villages, des maîtres instruits, distingués, qui n'épargnent la peine ni à eux-mêmes ni à leurs élèves; qui, la classe du soir terminée et quelquefois avant celle du matin, président durant deux heures environ au travail d'un certain nombre d'élèves *surveillés;* qui s'inspirent enfin des nouvelles méthodes et qui en acceptent les conditions laborieuses. Ils ont souvent chez eux 5, 10, 20, 40, quelques-uns jusqu'à 50 pensionnaires : fils de cultivateurs aisés qui poursuivent assez avant leur éducation; aspirants aux petits emplois, aux écoles d'arts et métiers, au brevet de capacité, à l'école normale, au volontariat. C'est la clientèle naturelle de l'enseignement primaire supérieur : cet enseignement, les instituteurs s'efforcent de le donner, mais ils n'y peuvent réussir que d'une manière imparfaite, parce que leur propre éducation ne les y a pas assez préparés, parce qu'ils ne trouvent pas à leur portée des directions et des plans certains, et que leur *première division* est d'ailleurs composée d'éléments trop peu homogènes. Aussi arrive-t-il en général qu'ils ne font que développer le programme de l'instruction primaire d'une façon arbitraire et peu harmonique, selon que les poussent leurs propres préférences, et presque toujours dans le sens des mathématiques et des sciences naturelles. Le dessin, l'arpentage, la tenue des livres font ordinairement partie du programme.

L'arrondissement de Villeneuve est celui qui renferme le plus grand nombre de ces écoles (Castillonnès, Villeréal, Villeneuve, Livrade, Saint-Sylvestre, etc. etc.); il marche à la tête du département. Celui de Marmande, si j'avais à en juger par des villes telles que Tonneins et Clairac, où abondent pourtant les établissements de tout genre, communaux, libres, subventionnés, laïques, congréganistes, protestants, externats et pensionnats, n'occuperait pas le second rang. Il y a là en particulier des écoles communales protestantes qui n'auraient qu'à gagner à se fondre dans des écoles mixtes, et des écoles congréganistes qui gagneraient encore plus à avoir pour concurrentes des écoles laïques mixtes (quant au culte). Dans l'arrondissement de Nérac, on trouverait peut-être plus de bons maîtres que de bonnes écoles : celles-ci, dans quelques centres importants, en sont encore à la période de formation ou de reconstitution; les instituteurs, d'ailleurs capables et pleins de zèle, n'ont pas eu le temps d'imprimer leur marque sur une matière encore informe; je veux dire sur un contingent d'élèves nombreux, peu homogène, de provenances scolaires très diverses, en général fort mal préparés et qui sont dérivés les uns après les autres, de mois en mois et de jour en jour, dans tout le courant de la présente année ou de l'année passée. Mais je ne doute pas que d'ici à peu de temps ces honorables maîtres, qui prodiguent leur peine et qui ont déjà obtenu des résultats satisfaisants, à Nérac, par exemple, et à Lavardac, ne triomphent des difficultés et n'arrivent à constituer de très bonnes écoles.

Dans la circonscription d'Agen on signale aussi quelques bonnes écoles, entre autres Preyssas, Astaffort, etc., et un certain nombre de bons maîtres; mais ni l'arrondissement ni surtout la ville ne marchent, comme on aurait lieu de s'y attendre, à la tête du mouvement. A Agen même, l'école primaire laïque des garçons, qui compte 300 élèves environ, se distingue par une assez bonne 1re classe; mais l'installation matérielle est si exceptionnellement misérable, peu digne d'une ville riche et libérale, qu'on s'étonne presque des résultats, à tout prendre satisfaisants, qu'ont obtenus le directeur et ses principaux adjoints. L'école communale des Frères, forte de plus de 400 élèves, est établie dans un local beaucoup plus convenable, mais fort mal entretenu : il m'a paru que la direction générale des études y était bien défectueuse, et la moyenne des élèves très faible.

Je consignerai ici une observation intéressante, qui m'a été communiquée de divers côtés. Les maîtres sortis de l'ancienne école normale d'Agen (avant 1850) ou de celle de la Sauve figurent en général parmi les meilleurs; mais on constate que, à de très honorables exceptions près, la génération d'instituteurs formée entre 1851 et 1865 ou 1867 diffère sensiblement, quant au savoir, à l'aptitude pédagogique, à l'ouverture d'esprit, de celles qui l'ont précédée et suivie.

L'*enseignement des filles* est bien au-dessous de celui des garçons. C'est surtout pitié de voir à quel minimum de vraie *culture* intellectuelle descendent les classes gratuites dans les écoles congréganistes, où parfois elles se trouvent à côté de classes payantes bien mieux conduites. Il y a pourtant, comme on peut le voir par le tableau rapporté plus haut, d'assez bonnes écoles et de bonnes maîtresses; mais en général le programme est peu étendu, et la qualité de l'enseignement médiocre. Cela tient d'abord au défaut d'une école normale, mais aussi au préjugé régnant qui enseigne à n'attacher aucune importance à l'instruction des femmes. Le fait est d'autant plus affligeant (je l'ai déjà dit ailleurs), qu'il est tout à fait *arbitraire*, et qu'il ne tient qu'à nous de le faire disparaître. On sait bien que les femmes, quand on leur donne une éducation professionnelle soignée, égalent les hommes en aptitude pédagogique et souvent les surpassent. Dans le Lot-et-Garonne on remarque que les écoles mixtes (quant au sexe) dirigées par des femmes n'offrent pas en général un résultat satisfaisant : encore un fait anormal, qui ne peut s'expliquer autrement que par la préparation imparfaite des maîtresses.

Les écoles libres, congréganistes ou laïques, reçoivent la plupart des jeunes filles en état de payer une rétribution un peu élevée et de poursuivre leurs études au delà de l'âge de la première communion (11 ans). Elles donnent une instruction plus complète à certains égards, et dont le programme s'étend au besoin jusqu'au brevet de capacité; mais il m'a paru que, si d'une part les exigences de cet examen du double degré servaient à imprimer une certaine règle aux études et à leur donner un peu de substance, d'autre part l'éducation intellectuelle proprement dite n'en restait pas moins de qualité fort médiocre : plus d'étendue que de profondeur, et cette étendue même singulièrement restreinte, au moins chez la moyenne des élèves; peu ou point d'incitations directes et fécondes; culture littéraire d'une extrême pauvreté; la culture historique réduite à la seule histoire de France, et celle-ci étudiée à l'aide de manuels plutôt que des leçons orales de la maîtresse; en un mot, une éducation peu *libérale*, au sens élevé du mot.

Il y a pourtant des établissements estimables, soit laïques, soit congréganistes, à Agen, à Nérac, etc., où l'on travaille beaucoup, au moins dans la classe supérieure, et d'où sortent bon nombre de *brevetées*. Les écoles congréganistes réforment lentement, et bien imparfaitement encore, leurs livres de classes; elles se laissent devancer dans cette voie par les écoles laïques libres, qui ont en outre sur elles l'avantage considérable d'employer un personnel de maîtresses plus instruit, bien que moins nombreux : en revanche, les maisons religieuses (les Sœurs de Nevers, entre autres) l'emportent par la bonne installation. Je dois signaler en passant les deux petits pensionnats protestants de Clairac et de Nérac, où l'action simultanée des institutrices, des pasteurs, de l'instituteur voisin et de quelques maîtres supplémentaires pour les parties accessoires, s'exerçant sur une petite communauté scolaire qui est presque une famille, m'a paru propre à produire une éducation plus sérieuse, bien que soumise à une direction d'ensemble un peu incertaine.

On tirera sans doute de ce qui précède la double conclusion : qu'il est urgent de fonder une école normale; et que les classes riches ou aisées de Lot-et-Garonne entendraient bien l'un de leurs principaux intérêts en favorisant la prompte institution d'un enseignement secondaire de filles.

Je ne dois pas oublier de mentionner ici une plainte, à mon avis très légitime et de grande portée, que font entendre des directrices intelligentes, au nombre desquelles je mets sans hésiter Mme la supérieure des Sœurs de Nevers, à Agen. Elles déplorent que la limite d'âge pour le brevet ait été portée à 16 ans; elles constatent avec beaucoup de raison qu'une telle facilité offerte aux jeunes aspirantes, et dont la plupart s'empressent de profiter, suffit pour rendre leur éducation, et par contre-coup celle de toutes les élèves de l'école, singulièrement superficielle et hâtive. Les jeunes filles, disent-elles, n'arrivent à bien fixer leur esprit, jusqu'alors incertain et papillonnant, que vers l'âge de 13 ou 14 ans; c'est donc dans l'intervalle de 14 à 16 ans qu'il faut resserrer tout le développement d'esprit que suppose le brevet élémentaire, ce qui le réduit forcément à une simple acquisition de connaissances. C'est de 16 à 17 ans que l'intelligence serait préparée à recevoir une culture plus sérieuse, et en particulier la culture littéraire et historique : ce serait donc une mesure des plus salutaires que de reculer la limite d'âge jusqu'à 17 ans. J'approuve sans réserve cette manière de voir.

Si maintenant on veut embrasser d'un coup d'œil l'ensemble de l'enseignement primaire dans le département, il n'y aura, je crois, que justice à reconnaître que la direction générale va s'améliorant d'une manière sensible. Les nouvelles méthodes se répandent de proche en proche et assez rapidement; les bons manuels récents de lecture, d'histoire, de géographie, remplacent les anciens; les congréganistes suivent eux-mêmes le mouvement, bien que d'un peu de loin; je parle surtout des femmes, qui me paraissent supérieures en cela aux Frères des différentes communautés. Les instituteurs sont abonnés pour la plupart à des journaux pédagogiques. L'explication directe et incessante, parfois même l'exposition continue, se substitue à l'enseignement mécanique. L'élève parle davantage et récite moins. A ce progrès de la méthode répondent des progrès sensibles en certaines parties. L'enseignement de la géographie est presque partout renouvelé; les élèves dessinent des cartes, les tracent même au tableau noir; à défaut de bonnes cartes murales, ils sont munis de petits atlas : il faut regretter seulement que le globe terrestre soit si peu employé, même là où il s'en trouve un. L'enseignement de l'histoire de France est aussi en voie de se transformer, bien qu'il se réduise encore dans trop d'écoles, en particulier dans certaines écoles congréganistes, à une simple récitation : on explique la leçon à l'avance, et souvent (j'ai regret à le dire) après coup; les interrogations et les exercices écrits se font d'après de bons guides. Malheureusement les rédactions mêmes, qui sembleraient devoir être une garantie sûre de travail personnel et qui sont partout en usage, se réduisent très souvent à une reproduction presque littérale du livre. En général, et même dans les bonnes écoles, je me plaindrais volontiers de l'excès de travaux écrits de tout genre, qui, au lieu de porter sur quelque point saillant éclairci ou développé par le maître, embrassent tout le sujet de la leçon et trop de leçons diverses à la fois : ils deviennent ainsi un exercice fatigant et de médiocre profit, un nouveau mécanisme qui n'a que l'apparence de la vie individuelle.

La lecture expliquée est partout en honneur; mais partout aussi, même dans les meilleures écoles, la diction est inarticulée, sourde, confuse, au point d'être inintelligible. Les filles, à l'organe plus fin et plus souple, prêtent peut-être moins à ce reproche que les garçons. L'arithmétique est, en général, assez bien enseignée;

parfois même on va jusqu'à l'excès. Il va sans dire que l'on donne de grands soins à l'orthographe : toutefois l'exercice de la copie avec ses abus et sa stérilité naturelle est encore trop en usage, sans doute parce qu'il est fort commode. La grammaire me semble mal dégagée de l'ancienne routine : trop de règles abstraites, trop de longues analyses, où aucun mot n'est épargné; trop de verbes écrits d'un bout à l'autre et où l'enfant n'a aucun effort de discernement à faire; en un mot, trop d'*écritures* : par suite, gaspillage d'un temps précieux et impossibilité pour le maître de bien corriger *effectivement*.

La composition française figure désormais dans le programme de toutes les écoles, mais elle est livrée à tous les hasards. Les bons instituteurs se donnent beaucoup de peine pour corriger les exercices hebdomadaires de narration ou de lettre, en s'aidant de leurs journaux pédagogiques et de leurs *Manuels du maître* : ils reconnaissent qu'ils arrivent à un médiocre résultat, parce que l'enfant, hors de l'école, parle et pense patois; parce qu'eux-mêmes manquent sur ce point d'une instruction préparatoire suffisante; parce qu'ils ne commencent pas cette éducation de l'enfant d'assez bonne heure, dès les basses classes, sous la forme de petits exercices oraux, reproduits au besoin sur le tableau noir ou sur le papier. Mais on comprend à la fois l'importance et la difficulté de cet enseignement; le besoin de bonnes directions est vivement senti : la voie est ouverte, les instituteurs ne demandent que des guides pour y marcher.

Je dirai à ce propos que la *récitation* littéraire ou de morceaux choisis de prose ou de vers se réduit à très peu de chose, je ne dis pas seulement dans les écoles élémentaires de ville et de campagne, mais jusque dans les meilleurs pensionnats. Ce fait seul caractérise l'éducation primaire, soit du peuple, soit des filles des classes moyennes : apprendre, acquérir un savoir déterminé, et notamment le savoir exigé pour tel ou tel examen, c'est la loi suprême et le souci dominant. Dans cette éducation pressée et encombrée, il n'y a pour ainsi dire point de place pour la littérature nationale, pas même pour la poésie! Je n'ai pas besoin de répéter combien cette lacune est grave, aussi bien pour la culture morale que pour celle de l'intelligence.

Une partie des défauts que j'ai signalés tient à l'absence de plan pédagogique d'études : chaque maître fait le sien, ce qui revient en beaucoup de cas à n'en avoir point. Le *cahier de classe*, tenu avec assez de ponctualité, atténue un peu le mal, mais sans le détruire. A Nérac, on a adopté l'organisation pédagogique de la Seine; il est vrai que les enfants sont encore mal préparés à entrer dans ces cadres réguliers, mais le directeur de l'école communale laïque travaille énergiquement à façonner son petit monde et à le distribuer en des groupes homogènes. L'examen du *certificat d'études* contribuera aussi à régulariser cet état désordonné et confus: mais il n'est institué d'une manière générale et bien définie que de cette année. Il a été fixé au mois de juin à cause de la désertion qui se produit d'ordinaire à l'approche des travaux de la moisson : je ne peux m'empêcher de croire que c'est là une fâcheuse disposition, dont les inconvénients l'emportent sur les avantages; on s'expose ainsi à précipiter de très bonne heure la marche des leçons en vue de l'examen; l'examen passé, maîtres et élèves *restants* auront peine à ne pas considérer l'année *effective* comme à peu près terminée. J'ai soumis mes observations sur ce point à M. l'inspecteur d'Académie et à MM. les inspecteurs : ils prendront conseil de l'épreuve qui va se faire.

J'ai parlé plus haut de l'absence presque complète de *récitations* littéraires. On lit aussi peu qu'on récite, pas plus des livres d'histoire que des livres de littérature. Point de bibliothèques scolaires : il y a partout les armoires prescrites, mais vides de livres, ou ne contenant, avec des ouvrages d'agriculture, d'industrie, de sciences, envoyés par le ministère et délaissés sur les étagères, que des volumes en très petit nombre de récits de voyages ou d'histoire que l'on a cent fois lus. Il n'y a de bibliothèques ni à Agen, ni à Villeneuve, ni à Nérac (où se trouve pourtant une petite collection de recueils géographiques), ni à Tonneins et à Clairac, ni à Lavardac, etc. : à plus forte raison dans les communes rurales. Je me trompe : il y en a dans les écoles des Frères de la doctrine chrétienne, mais fort mal composées et où figurent des pamphlets détestables, que, sur mon indication, on s'empresse d'écarter [1]. L'enfant, même le plus instruit, ne lit donc que ses manuels de classe; il n'apprend que ce qui lui vient par la voie du maître. Sorti de l'école, il ne lira plus rien; il n'a même point de goût à lire. Là-dessus, instituteurs et inspecteurs sont d'accord, et, en vérité, cet aveu est de nature à nous rendre modestes sur la valeur de notre éducation primaire. Toutefois MM. les inspecteurs et les maîtres assurent que si les élèves, et même les adultes, avaient à leur portée des livres intéressants et renouvelés de temps à autre, ils se prendraient à les lire; mais ni les municipalités ni les particuliers n'ont senti jusqu'à présent le devoir de s'imposer des sacrifices pour l'œuvre des bibliothèques scolaires.

Les conférences cantonales sont maintenant organisées sur tous les points; les instituteurs s'y rendent avec plaisir. Les bibliothèques pédagogiques sont aussi en voie de se constituer. Au reste, on me fait observer que beaucoup de maîtres se forment à eux-mêmes une petite collection de livres qui entretient leur activité d'esprit.

Les caisses d'épargne scolaires ne prospèrent pas, et pour les mêmes causes qu'ailleurs.

[1] A Tonneins, par exemple, une sorte d'histoire de la Prusse, où M. de Bismarck fonde l'Internationale; à Agen, un livre intitulé *Les métiers infâmes*, où M. l'abbé Loyson (Hyacinthe) et Victor Hugo sont vilipendés.

Les musées scolaires commencent à se former; les conférences cantonales en favoriseront le développement. L'inspecteur de Villeneuve, M. Lassaq, aidé des instituteurs adjoints de la ville, en a fondé un qui paraît appelé à devenir un musée modèle. Il contient déjà plus de six cents objets, répartis en plusieurs groupes : industrie, agriculture. histoire, sciences, histoire naturelle. Les habitants de Villeneuve ont pris dès le début un vif intérêt à cette collection, qui ne peut manquer de s'enrichir rapidement et d'exciter le zèle des instituteurs de l'arrondissement.

La ville de Nérac, qui, depuis deux ou trois ans, a fait de très grands sacrifices pour améliorer son instruction primaire, — jusqu'à présent très défectueuse, — projette de fonder une bibliothèque scolaire centrale à l'usage de tous ses établissements. C'est là une idée excellente, que les autres villes feront bien de s'approprier. On cherche aussi, par voie de souscriptions privées, à constituer un « nécessaire » pour l'enseignement élémentaire de la physique et de la chimie. Je suis heureux de rendre hommage, à ce propos, au zèle désintéressé et intelligent de l'honorable M. Faugère-Dubourg, maire de Nérac. Non content de fonder, avec l'appui de son conseil municipal, deux écoles laïques, l'une de garçons, parfaitement installée et munie de tous les appareils techniques nécessaires, l'autre de filles, il intervient sans cesse de sa personne pour surveiller, améliorer, encourager. Il a ouvert récemment un concours entre les différentes écoles communales (laïques, congréganiste, protestante), à la suite duquel il a récompensé les meilleurs élèves en les conduisant lui-même, accompagné de quelques personnes de bonne volonté, dans une longue excursion. On a visité des ruines gallo-romaines; on a observé le pays au point de vue de la géographie physique. Un grand propriétaire des environs, M. Courtois, a bien voulu se joindre à la caravane pour la faire profiter de ses connaissances géologiques; il lui a ensuite donné l'hospitalité dans son château de Muges. N'est-ce pas là un excellent exemple à proposer à notre bourgeoisie et à nos municipalités urbaines?

A Villeneuve aussi on a institué des concours *mensuels* entre les écoles communales, portant tour à tour sur l'histoire, la géographie, la grammaire, l'arithmétique, la lecture. Chaque école est tenue de faire concourir le huitième de ses élèves. J'estime que ces concours spéciaux et fréquents, par lesquels on se flatte de tenir en haleine les maîtres et les élèves, présentent de graves inconvénients : ils troublent la marche calme et régulière des études; ils obligent le directeur d'appuyer avec excès sur telle ou telle partie successivement; ils l'exposent à la tentation de donner de préférence ses soins à l'élite de ses élèves qui peut lui faire honneur. Cette institution demanderait donc à être profondément modifiée. Je préférerais des épreuves trimestrielles ou semestrielles, sous la forme de concours ou sous celle d'examens, mais portant à la fois sur toutes les parties du programme, de manière à maintenir l'équilibre des études.

Les instituteurs se recommandent généralement par leur bonne conduite et leur tenue; ils entretiennent de très bons rapports avec les municipalités. Les cultivateurs leur demandent volontiers conseil. Le clergé entretient avec eux des rapports convenables, mais empreints de réserve.

ÉCOLE NORMALE D'INSTITUTEURS.

J'ai dit plus haut que cette école, fondée depuis deux ans seulement, a déjà eu les meilleurs débuts et qu'elle est pleine de promesses pour l'avenir. La bonne organisation des études, les habitudes bien établies de travail et de discipline témoignent en faveur du précédent directeur, M. Bousquet, appelé récemment à l'École normale de Paris. J'ai tout lieu de croire que le nouveau directeur, M. Labroue, non content de maintenir ces bonnes traditions, saura les étendre et les perfectionner. Les études y sont sérieuses, fortes même, grâce au concours mutuel que se prêtent des maîtres adjoints, tous jeunes, intelligents, laborieux, pleins d'ardeur, et d'habiles professeurs externes d'histoire, de littérature, de composition française (3e année), d'administration communale et d'économie politique, d'hygiène, enfin d'espagnol, sans parler du dessin, de la musique et de l'agriculture. Une discipline intellectuelle ainsi constituée doit mettre inévitablement hors de pair les jeunes gens qui y ont été soumis. Je ne demanderais à nos excellents professeurs que d'animer un peu plus leurs leçons, de les marquer plus vivement de leur empreinte personnelle, afin d'éveiller ainsi l'initiative individuelle des élèves.

Ceux-ci montrent un bon vouloir exemplaire, qui est récompensé dans toutes les branches par des progrès très satisfaisants. Eux aussi, comme leurs camarades des autres écoles normales, ont besoin qu'on leur ménage quelques heures de loisir pour des lectures libres. Leur instruction se fait un peu en serre chaude; elle est poussée à outrance, et il n'est pas réservé une part suffisante à l'étude et à la réflexion personnelles.

Moins heureux que d'autres, les élèves et les maîtres de Monbran (c'est le nom de la commune) n'ont malheureusement pas de bibliothèque où ils se puissent ravitailler à l'aise; la collection qui porte ce nom n'a guère que des livres de classe ou des ouvrages spéciaux. Rien ne presse plus que d'offrir à cette *congrégation laïque*, si estimable et si laborieuse, un choix de bons ouvrages d'histoire et de géographie, de chefs-d'œuvre classiques anciens et modernes, de reproductions figurées des grandes œuvres d'art. Il importe d'autant plus de munir l'école de ses organes naturels, et en particulier de celui-là, qu'elle est située à 4 ou 5 kilomètres d'Agen, au sommet d'une haute colline, dans une entière solitude, loin de toute voie fréquentée, et par conséquent réduite à vivre en très grande partie d'elle-même et de ses propres ressources.

L'éducation professionnelle, là comme ailleurs, n'est qu'ébauchée; mais cette ébauche est déjà digne d'intérêt. L'école-annexe, composée de 30 à 40 élèves, est conduite par un maître adjoint plein de zèle et de tact, qui sait donner d'excellents avis aux élèves-maîtres appelés tour à tour à l'assister, et qui a réussi à mettre l'école sur un pied très satisfaisant. J'ai conféré longuement avec M. le directeur et MM. les professeurs de la nécessité et des moyens d'organiser des exercices pédagogiques, auxquels tous apporteraient leur contingent, chacun dans sa branche respective. J'ai trouvé chez ces Messieurs le plus louable empressement à réaliser ce dessein, et nous avons pu inaugurer sans retard, après une semaine de préparation, une double série de leçons faites par les élèves de 2e année, les uns devant la 1re classe de l'école-annexe, les autres à l'adresse des 40 élèves-maîtres réunis.

L'essai a réussi au plein gré des maîtres, tous présents, de Mlle Loizillon, inspectrice générale, qui avait bien voulu témoigner le désir d'assister à cette séance, de M. l'inspecteur d'Académie, de moi-même, et enfin des élèves. Durant cinq heures, coupées de quelques courtes pauses, nous avons eu le plaisir de voir ces jeunes gens parler tour à tour, sans gaucherie et sans affectation, sur des sujets qu'ils avaient préparés à loisir et à l'aide d'un plan rédigé en quelques lignes, tantôt à des enfants de 10 à 12 ans tout rayonnants de bon vouloir, tantôt à leurs propres camarades. La première série se composait d'une leçon de choses (la plante), d'une leçon de notions élémentaires de sciences naturelles (l'acide carbonique), d'une leçon sur le système métrique (le franc et les monnaies en général), d'une leçon préparatoire à une composition française : le défaut de temps ne nous a pas permis d'aller plus loin. Après chaque leçon, les enfants sortaient quelques minutes pour se reposer; ils rentraient dans un ordre parfait, marqué par des chants. Dans ce court intervalle, le professeur *spécial* et le directeur de l'école-annexe présentaient à l'élève-maître, devant toute l'école, leurs observations approbatives ou improbatives; Mlle Loizillon, M. l'inspecteur d'Académie, le directeur et moi, nous y joignions les nôtres. Nous avons été frappés en général de l'aisance et du calme de ces jeunes maîtres, de l'ordre qui régnait dans leur exposé, de l'accent cordial de leur langage. Nous avons eu à reprendre chez eux : la surabondance de matière, l'emploi d'expressions trop scientifiques, la forme trop démonstrative et trop peu suggestive, le peu d'attention qu'ils mettaient à s'assurer du réel état d'esprit des enfants pour y prendre leur point d'appui, comme aussi à obtenir le concours de toutes les parties de la classe et non pas seulement de l'élite. Mais, encore une fois, nous avons reconnu dans ces petites leçons des germes pleins d'avenir. La physionomie éveillée des petits élèves, leur application d'esprit, leurs réponses vives et pleines de naturel, l'ordre de leurs mouvements, nous ont paru faire honneur à leur directeur, M. Castagné, et nous lui en avons exprimé, Mlle Loizillon et moi, toute notre satisfaction.

La seconde série d'exercices n'a pas offert moins d'intérêt. Les élèves-maîtres avaient à donner des leçons à leurs camarades sur : l'histoire (la Réforme, la Constituante), les mathématiques (les progressions), les sciences naturelles (soufre), la géographie. Les sujets étaient désignés à l'avance. Nous avons dû nous borner aux leçons d'histoire et de chimie. La première était préparée avec beaucoup de soin : l'exposé nous a paru bien nourri et bien ordonné; seulement nous y aurions souhaité une marque plus *personnelle*. La seconde était moins méditée et mal fondue. Mais l'une et l'autre nous ont causé une grande satisfaction.

Cette expérience me donne les meilleures espérances pour l'avenir; et je suis sûr que l'on peut se fier à M. Labrone du soin de la continuer, de la développer, de l'organiser régulièrement. Il tiendra à honneur, ainsi que ses maîtres adjoints, d'amener l'école normale d'Agen à être une école de premier ordre au point de vue de l'éducation professionnelle. Il se préoccupera aussi de fortifier son propre enseignement de la pédagogie, qu'il n'a pas encore eu le temps d'établir d'une manière régulière, afin de le mettre en rapport avec les besoins nouveaux de notre instruction primaire.

Le *cours normal des filles*, annexé à une pension libre, n'a sans doute pas long temps à vivre : il ne tardera pas à faire place à une école normale, dont le conseil général a décidé la prompte création. Il est suivi par 11 boursières, réparties en trois années successives; la bourse est de 650 francs. Les leçons sont données par quatre sous-maîtresses brevetées, un professeur d'histoire et un professeur de mathématiques. Trois ou quatre élèves libres se préparent également à l'examen du brevet, et trois ou quatre autres au cours normal. La maison a fait recevoir dans les deux dernières sessions toutes les aspirantes qu'elle a présentées.

Les élèves-maîtresses m'ont paru bien préparées sur la grammaire, assez bien sur l'arithmétique et la géographie. Quant à l'histoire, à l'instruction littéraire, à la composition française, j'ai remarqué les mêmes lacunes que dans la plupart des autres établissements laïques et congréganistes qui reçoivent des aspirants au brevet : point d'exposé oral de la leçon; le livre appris plus ou moins par cœur, et des rédactions qui reproduisent à peu près le manuel; peu d'idées claires, vivantes, empreintes de réalité. Comme livres de *style*, les fables de La Fontaine et les lectures de Caumont.

Les exercices de pédagogie se réduisent à quelques leçons données par les élèves-maîtresses aux plus jeunes élèves de la pension. En somme, c'est une école estimable, qui tient convenablement le cours normal, mais qui ne donne pas lieu d'hésiter sur l'opportunité de la création prochaine d'une école modèle pourvue de tous les moyens en professeurs, instruments, livres, cartes, école-annexe.

J'ai eu la bonne fortune d'assister à une très nombreuse réunion d'instituteurs et d'institutrices venus de tous les points du département pour s'entretenir ensemble d'une œuvre excellente et déjà prospère : la Société de secours mutuels. Il m'a été infiniment agréable de saisir cette occasion pour leur communiquer une grande partie des observations que j'avais recueillies dans ma tournée. J'ai rendu justice à la bonne volonté de la plupart d'entre eux, que des difficultés de tout genre rendent si méritoire, aux progrès déjà réalisés ou en voie de s'accomplir. J'ai pu également, sans froisser leurs justes susceptibilités, marquer avec franchise les points qui m'avaient paru faibles, les réformes qui étaient les plus nécessaires et les moyens qui me semblaient les mieux appropriés. J'ai tout lieu de croire que les maîtres et les maîtresses de Lot-et-Garonne ont parfaitement accueilli mes critiques et mes conseils aussi bien que mes éloges.

Agréez, Monsieur le Ministre, l'assurance de mon respectueux dévouement.

Félix PÉCAUT,

Délégué à l'inspection générale de l'enseignement primaire.

Agen, 10 juin 1880.

DÉPARTEMENT DES BASSES-PYRÉNÉES.

Monsieur le Ministre,

Le département des Basses-Pyrénées offre bien des traits qui lui sont communs avec les autres départements de la région du Sud-Ouest; mais il a sa physionomie propre, qui tient au caractère des deux races qui l'habitent, les Basques et les Béarnais. Ces deux populations, profondément séparées par la langue, par les habitudes, par les souvenirs du passé, sont l'une et l'autre fort intelligentes, d'esprit circonspect, de tout temps portées aux aventures, mais attachées à leurs traditions comme à leur sol. Avec cela des différences de caractère et de tour d'esprit assez marquées : plus de finesse peut-être et de souplesse d'esprit chez le Béarnais; plus de fidélité aux vieilles mœurs chez le Basque, et aussi l'humeur plus légère, un penchant très vif au plaisir et au mouvement, avec des passions promptes et ardentes.

Les heureuses qualités dont la nature a pourvu les habitants de ce beau pays n'ont pas suffi pour élever bien haut la moyenne de l'instruction, pas plus dans les classes moyennes que dans les classes populaires. On dirait qu'elles ont été en partie engourdies par une certaine indolence de tempérament que favorisent l'admirable douceur du climat et la grâce pittoresque des lieux. Toutefois les Béarnais se sont mêlés sans peine au mouvement général de notre pays, tandis que les Basques, cantonnés dans leurs montagnes, dans leur langue, dans leur religion fermée aux influences du dehors, dans leur nationalité ombrageuse, n'ont jusqu'à présent ressenti que très superficiellement l'action émancipatrice du génie français. Cet état de choses est aujourd'hui en train de se modifier, grâce au service militaire obligatoire et à l'émigration d'outre-mer; mais le changement ne se fait qu'avec une extrême lenteur: le clergé et les grands propriétaires le secondent mal, et, pour dire du premier abord la vérité, l'instruction primaire n'agit que dans une très faible mesure sur les mœurs.

On verra, j'en suis sûr, s'accomplir un mouvement rapide de transformation, si la République continue de marcher dans les voies libérales. Qu'on renforce l'inspection primaire, que l'on impose à toutes les écoles un certain programme d'études, que l'on applique au pays basque les moyens pédagogiques spéciaux que réclame sa langue distincte, que l'on maintienne longtemps à la tête du département un inspecteur d'Académie d'une compétence et d'une énergie éprouvées, que l'on s'applique à constituer dans tous les chefs-lieux des écoles modèles, et les Basses-Pyrénées prendront bientôt place au premier rang. Les dons naturels ne manquent pas; mais il faut pour les faire valoir une forte action administrative et scolaire.

La population du département est d'environ 430,000 habitants, distribués en 40 cantons et en 558 communes.

Le nombre des écoles est de 1,006 : 335 de garçons, 346 de filles, 325 mixtes. On compte 837 écoles communales, soit 308 de garçons (en 1878, 301), 239 de filles (en 1878, 237), 283 mixtes (en 1878, 280), enfin 7 écoles de hameau. Il y a en outre 35 écoles libres tenant lieu d'écoles publiques (en 1878, 40); le nombre des écoles de cette catégorie tend à diminuer d'année en année.

Le contingent des élèves est d'environ 58,000, soit 29,500 garçons, 28,200 filles. Comparé à la population totale (430,000), il serait dans la proportion de près d'un huitième. Les écoles publiques ont 48,300 élèves, les écoles libres 9,500. La proportion des élèves gratuits est de plus de 64 p. 0/0.

La fréquentation est fort irrégulière. Dans un grand nombre de communes, la saison scolaire ne dure que cinq mois de suite, du 15 novembre, ou même du 1er décembre, au 15 avril ou au 1er mai. Beaucoup d'écoles perdent chaque été le tiers ou le quart de leurs élèves inscrits, et la première classe se fond presque en entier. Parmi les causes de ce fâcheux désordre, on peut sans doute noter l'insouciance des parents; mais il faut s'en prendre surtout aux travaux agricoles urgents et à la pénurie d'ouvriers. Il est à remarquer cependant que les instituteurs très zélés perdent moins d'élèves que les autres. En tout cas, on doit souhaiter que la loi sur l'obligation scolaire soit conçue de manière à s'assouplir aux nécessités impérieuses des populations rurales, et qu'elle laisse aux conseils cantonaux une certaine liberté d'appréciation pour les mesures à prendre à l'époque des semailles et des récoltes.

LAÏQUES, CONGRÉGANISTES.

Sur les 862 écoles publiques, il y en a 736 laïques (l'année précédente, 732), soit 301 de garçons, 132 de filles, 303 mixtes; et 126 congréganistes (l'année précédente, 130), dont 13 de garçons, 108 de filles.

Sur les 144 écoles libres, 64 sont laïques, 80 congréganistes. Le chiffre des pensionnats laïques de garçons est descendu de 9 à 6, celui des pensionnats laïques de filles, de 17 à 12. Les élèves des écoles laïques sont au nombre de 38,242; les élèves congréganistes, de 19,549.

On voit que le mouvement de sécularisation est peu sensible. Il est vrai que l'enseignement des garçons est presque partout entre les mains des laïques, excepté à Pau, Bayonne, Orthez, Oloron, Hasparen, Salies, etc., où les Frères de la Doctrine chrétienne occupent une forte position. Mais, en revanche, les communautés (Sœurs de la Croix-de-la-Vienne, Sœurs de la Charité, Servantes de Marie, etc.) dirigent l'éducation des femmes dans la plupart des chefs-lieux, petits ou grands. Le *cours normal* est aussi confié depuis quelques années aux Dames de Saint-Maur.

Il y a lieu de s'étonner que, dans un pays où les idées libérales sont en faveur, l'éducation des femmes soit à ce point abandonnée aux congrégations. Ce n'est pourtant pas qu'on se fasse illusion dans des villes éclairées telles que Bayonne, Oloron, etc. sur la valeur des *lettres d'obédience*, sur l'insuffisance de la plupart des Sœurs adjointes qui président aux classes autres que la première, ni enfin sur la pitoyable médiocrité de l'instruction dispensée au très grand nombre des filles du peuple, qui sortent de l'école avant d'avoir atteint la première division; mais on ne se sent pas la force d'entrer en lutte avec les influences ecclésiastiques et domestiques, et l'on attend que la loi intervienne pour se décider à rompre les habitudes prises. D'ailleurs il ne faut pas oublier que la bourgeoisie *a ses établissements distincts des écoles populaires*, les pensionnats des Sœurs de Nevers et des Ursulines, qui se tiennent à peu près au niveau des programmes récents. Elle ne s'informe pas de quels titres sont munies les maîtresses, ni quel esprit anime l'enseignement de l'histoire, de la littérature, de la morale.

Les écoles des *Frères*, pour le dire en passant, sont loin de présenter la même uniforme médiocrité que les écoles des Sœurs. Partout, il est vrai, leurs classes inférieures, confiées à des maîtres insuffisants, prêtent aux plus justes critiques; mais à Pau et à Bayonne, ils ont constitué fortement leur appareil scolaire, en particulier leur première division, qui prépare aux emplois du commerce et de l'industrie, et ils soutiennent avec vigueur la concurrence avec les laïques. Si leur méthode, là comme ailleurs, est peu féconde, peu éducatrice, au sens libéral du mot, si leurs livres de lecture et d'histoire appellent une prompte réforme, en revanche, ils excellent dans l'emploi des procédés de préparation aux examens publics (concours, examens intérieurs, inspections, compositions fréquentes), qui fixent le savoir acquis en des formules précises. A cet égard, nous avons quelque chose à apprendre d'eux, lorsqu'ils ont à leur tête des hommes intelligents, actifs, en quête de perfectionnements, tels que les directeurs de Pau et de Bayonne. Mais ils sont loin de se tenir à la même hauteur à Orthez, à Hasparren, à Saint-Étienne-de-Baigorry, où ils n'ont point de rivaux; il est triste particulièrement de voir l'enseignement public réduit à un minimum de quantité et de qualité tel que je l'ai observé dans l'école communale gratuite de Hasparren, à côté d'un externat payant très nombreux qui, sans être de premier ordre, offre pourtant des ressources convenables d'instruction.

Les *asiles* sont peu nombreux dans les Basses-Pyrénées : 48 seulement, avec 11 *garderies*, peuplés de 6,600 enfants. Assez bien tenus quant à l'ordre extérieur, ils ont presque tous à réformer leurs méthodes et à renouveler l'éducation de leur personnel enseignant.

Les *bibliothèques populaires* ne sont nulle part plus florissantes, grâce à la générosité intelligente et infatigable de M. Tourasse, qui a fondé presque à ses seuls frais une bibliothèque dans chacun des 40 cantons. Les écoles des chefs-lieux, et aussi celles de quelques communes rurales du voisinage, qui ont consenti à souscrire une légère contribution, sont admises à profiter de cette institution. Quant aux *bibliothèques scolaires* proprement dites, le nombre s'en est accru cette année (345 au lieu de 313), et, par suite, le nombre des livres et des prêts; mais la plupart ne sont qu'une pure apparence, une simple *armoire*, où figurent des volumes de peu d'intérêt et d'agrément, que personne ne lit, à côté d'un petit nombre d'autres qu'on a lus et relus depuis longtemps. Toutefois l'exemple de quelques communes rurales (Baigts, Berenx, etc.) témoigne que là où les instituteurs prennent à cœur cette œuvre, elle prospère et trouve des souscripteurs aussi bien que des lecteurs : c'est par eux seulement qu'elle pourra s'étendre des agglomérations urbaines dans les coins reculés du pays.

Les *musées cantonaux* sont encore à l'état rudimentaire. Ils naissent çà et là sur une foule de points; mais les seuls qui méritent une mention particulière sont ceux de Morlaas et de Lembaye. Les maîtres ne paraissent pas avoir compris quel précieux et presque nécessaire instrument ils trouveraient pour leurs leçons dans la plus simple collection d'objets empruntés à l'agriculture et à l'industrie locales, ou achetés chez l'épicier ou le pharmacien voisins, pourvu que cette collection soit faite avec discernement et distribuée avec ordre.

Les *délégations cantonales* ne montrent pas plus d'activité ici qu'en d'autres départements; mais elles prêtent volontiers leur concours aux inspecteurs primaires pour les examens du certificat d'études. Quelques-unes même visitent régulièrement les écoles de leur ressort, sans jamais dépasser les limites de leur compétence naturelle.

Les *caisses d'épargne scolaires* doivent aussi beaucoup à M. Tourasse. On en compte aujourd'hui 294 au lieu de 237, avec 6,000 livrets et une somme de dépôts de 94,000 francs. Il n'y a peut-être pas de pays plus disposé que celui-ci à l'épargne; mais les mêmes difficultés dont on se plaint ailleurs entravent le développement de cette excellente institution.

Le mouvement pour la *reconstruction* ou la *réparation* des maisons d'école s'accélère d'année en année. Préfet, sous-préfets, inspecteurs s'emploient à l'envi à expliquer aux municipalités les bienfaits de la *loi sur la caisse des écoles*. La cause est gagnée en principe, et chacun se présentera à son tour; mais que ne reste-t-il pas encore à faire! Ici aussi il faut compter avec les habitudes de lenteur du pays.

Le mobilier scolaire (bancs, tables) est en général défectueux. Les instruments techniques (cartes, globes) se sont améliorés, grâce surtout aux libéralités du ministère.

Le *recrutement des instituteurs et des institutrices* s'accomplit sans peine, moitié par la voie de l'école normale et du cours normal, moitié par la voie des écoles primaires publiques ou libres. Le cours normal dispose de 6 places par an; 24 à 30 aspirantes se présentent chaque année pour les obtenir. L'école normale, qui a 15 ou 16 places à donner, n'a guère que 30 à 34 aspirants, dont la presque totalité est fournie par l'école préparatoire annexe. C'est là un fait qui mérite d'être noté. Il est à souhaiter que les bonnes écoles primaires, rurales ou urbaines, au lieu d'envoyer 3 ou 4 candidats seulement, comme c'est le cas cette année, en présentent un grand nombre : cela élèverait le niveau des études primaires et assurerait à l'école des élèves-maîtres de mœurs plus simples et parfois de facultés plus distinguées. D'autre part, il ne faudrait pas porter la main à la légère sur le *pensionnat préparatoire* de Lescar, qui a été créé tout exprès pour remédier à l'indigence du recrutement. Sans doute, il est permis de croire qu'à la faveur des lois récentes, qui ont si fort amélioré le sort de l'instituteur, le nombre des candidats libres serait bien supérieur à ce qu'il était il y a quinze ans; il se trouverait aussi aujourd'hui des maîtres mieux instruits et plus dévoués à leur art pour tenir à honneur de présenter de bons élèves. Il convient donc d'encourager de toutes manières, et au besoin par de légères primes, la préparation dans les écoles primaires; mais ce n'est pas une raison pour supprimer le pensionnat. On fait observer avec raison que la spécialité de la préparation à l'école normale ne tarderait pas à se répartir entre quelques grands établissements privés, où les aspirants seraient internes et où l'on verrait s'aggraver les inconvénients moraux inhérents à tout internat, sans les garanties que présente une maison en quelque sorte officielle.

Si le nombre des candidats à l'école normale est à peine suffisant pour assurer un bon recrutement d'élèves-maîtres, celui des candidats de l'un et l'autre sexes au *brevet de capacité* s'accroît d'année en année. En 1879, il y a eu 368 inscrits (174 hommes, 194 femmes) et 140 reçus (63 hommes, 77 femmes). Il a été délivré des brevets complets à 23 hommes et à 10 femmes. Notons que 60 institutrices brevetées attendent encore des places.

Le *certificat d'études primaires* se développe, mais avec une extrême lenteur. En 1879, il y a eu 334 candidats, au lieu de 263 en 1878. La raison de ce lent progrès est aisée à dire : les élèves quittent l'école avant l'âge fixé pour le concours, et par conséquent avant d'avoir pu atteindre le niveau d'instruction requis. Les délégués cantonaux assistent l'inspection dans les travaux de l'examen; il serait à souhaiter qu'à l'avenir deux instituteurs étrangers au canton figurassent de droit parmi les membres du jury, ainsi que cela se pratique dans d'autres départements.

ÉTAT DE L'ENSEIGNEMENT.

J'ai déjà fait entrevoir que l'état de l'enseignement public ne répond pas à ce que l'on attendrait d'une race aussi intelligente. Ce n'est pas, je me hâte de le dire, qu'il n'y ait une élite d'instituteurs capables de soutenir la comparaison avec les meilleurs du Sud-Ouest, ni que la moyenne des maîtres soit inférieure pour le savoir et pour le zèle à celle des départements voisins, ni que les nouvelles méthodes, ou plutôt le nouvel esprit pédagogique, trouve un moins bon accueil ici qu'ailleurs; mais comment se défendre d'une vive déception quand on mesure le peu de chemin *effectif* parcouru depuis cinquante ans? Le mouvement scolaire de 1833 s'était déployé dans ce pays avec une intensité et une ampleur remarquables, sous les auspices de quelques citoyens, simples particuliers ou fonctionnaires de l'ordre civil, animés du sentiment le plus libéral et possédés de l'amour du bien public. On cite encore avec respect et reconnaissance les noms des Viard, des Noguès, des Laborde, des Sicabaig, etc. Il s'était formé à l'école normale de Pau, qui eut pour premier directeur un homme d'un rare talent pédagogique, M. Beigbeder, tout un état-major d'instituteurs qui avaient la passion d'apprendre et la passion d'enseigner, ainsi que le secret de bien enseigner. Qu'est-il resté d'une si forte impulsion? Quelle suite ont eue ces beaux commencements? En quoi l'instruction primaire a-t-elle depuis lors modifié salutairement les goûts, les habitudes, le savoir général ou la manière de penser et de raisonner? On dirait, au premier abord, que cette aurore s'est éteinte ne laissant après elle qu'un sillon lumineux.

Il est vrai que cette mémorable réforme a été violemment interrompue par les événements de 1850. L'esprit public s'assombrit alors et se voila en même temps que les libertés publiques. Les hommes de la réaction, en haut et en bas, au centre et aux extrémités, appesantirent leur main sur l'instruction primaire, qui leur était justement suspecte. Avec la nuit vint la peur, la vulgarité, l'esprit de soumission aveugle et de rapetissement; et durant le long intervalle de 1850 à 1867, ou même à 1870, les générations d'élèves-maîtres furent nourries de tout autres principes que celles qui les avaient précédées. Quant à l'enseignement des filles, peut-on rappeler sans honte ce qu'il était devenu et avec quel mépris on traitait l'intelligence, la raison même des futures mères de famille! A côté de cette cause d'affaiblissement de l'instruction primaire, dont les effets se font encore sentir dans les Basses-Pyrénées, il convient de mentionner, répétons-le, le tempérament indigène, très généreux par certains côtés, mais qui n'est pas exempt d'une certaine nonchalance, d'une sorte de répugnance pour l'effort intense et continu. Je n'en suis pas moins persuadé qu'aucun département ne remontera plus vite dans l'échelle scolaire, s'il est manié par une main ferme et habile. Il n'y a ici ni lourdeur intellectuelle, ni mauvais vouloir systématique, ni paresse organique. La race est fine, souple, prompte, sensée; elle rendra autant qu'on voudra, autant qu'on saura lui demander. Mais il faut pour cela une organisation uniforme et précise des classes, qui règle sans minutie, mais avec une ferme prévoyance, l'emploi du temps, qui serve de point d'appui à l'inspection, qui s'accommode aux nécessités agricoles, mais dont l'observation soit garantie en chaque école par des examens réguliers, soit trimestriels, soit semestriels. Il faut que l'action des inspecteurs devienne plus continue et mieux concertée; que, sous l'impulsion incessante du chef de l'Académie, tous les inspecteurs apprennent à se sentir les organes d'une œuvre commune; qu'enfin une même pensée relie les supérieurs et les inférieurs, et que l'esprit souffle de nouveau dans ce grand corps de l'instruction primaire.

Les difficultés sont grandes, ne l'oublions pas, plus grandes dans les pays du Midi qu'ailleurs. L'instituteur voit *fondre* chaque année sa 1re classe, appelée dans les champs au moment même où elle tirerait le plus de profit des leçons. De plus, les enfants ne parlent français que dans les heures de leur présence à l'école; le reste du jour, et l'été durant le jour entier, ils n'entendent, ne parlent, ne pensent que l'idiome local. Le catéchisme même et le prône du dimanche se font d'habitude en basque et en béarnais.

Une difficulté plus notable encore, mais commune à presque toute la France, résulte de ce qu'on peut appeler la crise de transformation pédagogique où nous sommes aujourd'hui engagés. Les méthodes se renouvellent; la parole vivante du maître se substitue au livre; la routine fait place au travail personnel de l'élève; la réflexion libre prend le pas sur la mémoire servile et mécanique : rien de mieux. Mais cet esprit nouveau réclame de nouveaux procédés, des moyens d'application, tout un appareil approprié d'exercices oraux et écrits, de corrections orales et écrites, de revisions, d'examens, etc. Or cet appareil, reconnaissons-le, est loin d'être constitué, même dans ses pièces essentielles. Des parties presque entièrement nouvelles ont pris une place importante dans le programme des études élémentaires : ainsi l'histoire et la composition française, qui réclament des rédactions, des résumés, des exercices de style correspondant aux divers âges et disposés selon un ordre de développement rationnel. Qui ne voit du premier coup d'œil ce qu'il y a de difficultés et aussi de labeur, inconnus autrefois, dans la manière d'organiser ensemble ces diverses tâches, dans la préparation de chacune d'elles, dans la correction attentive et discrète des copies? On peut dire que c'est à quelques égards comme un art nouveau, auquel nos maîtres, avec tout leur bon vouloir, ont peine à suffire, parce qu'ils y ont été mal préparés eux-mêmes.

De là résulte qu'il y a en ce moment dans les écoles une certaine confusion, inséparable de toute crise de passage d'un régime à un autre. Beaucoup de choses nouvelles, mais imparfaitement digérées; beaucoup de devoirs écrits d'*intelligence*, mais mal dirigés, à peine corrigés et que l'élève exécute d'une main légère; enfin, beaucoup d'efforts, mais qui n'aboutissent pas, faute d'une action assez intense du maître suscitant une réaction énergique de l'élève. A quoi il faut ajouter que pour certaines matières, où la mémoire aura toujours un premier rôle à jouer et où l'on cherche avec raison à introduire l'intelligence, l'histoire, par exemple, les résultats sont souvent informes, incertains, par conséquent précaires, faute de procédés de revision multipliés et rigoureux.

Mais tout cela dit, il faut voir les heureux symptômes qui éclatent de tous côtés. Non, sans doute, l'enseignement primaire, ici et ailleurs, n'est pas encore armé assez fortement pour imprimer une trace profonde et définitive dans les habitudes intellectuelles et morales du pays; il n'est pas ce qu'il devrait être, ce qu'il sera un jour, l'un des grands *facteurs* du tempérament, disons mieux, de la raison nationale. Il n'agit encore qu'à la surface, donnant des outils pour apprendre plutôt que des habitudes d'esprit, la faculté de lire plutôt que le goût d'apprendre et le besoin de comprendre. J'oserais dire que le jour où nous nous serons rendu compte de cette impuissance de notre instruction primaire ou de son efficacité bornée à l'utilité immédiate, alors seulement nous aborderons de front la grande tâche d'une éducation populaire marquée d'un caractère à la fois national, libéral et pratique. Quoi qu'il en soit, le branle est donné; le Béarn échappe de jour en jour aux influences de l'absolutisme politique et de la théocratie; le personnel enseignant reprend conscience de lui-même, la vie renait partout : dans l'école normale, longtemps engourdie et immobile; dans l'inspection, qui avait trop de motifs d'être craintive et méfiante; chez les instituteurs, tout étonnés de se retrouver ensemble et au service d'une même grande cause, après une si longue période d'isolement. Aujourd'hui les maîtres s'informent; ils s'abonnent aux journaux pédagogiques; ils commencent à lire les livres de la bibliothèque cantonale; ils se serrent autour de leurs inspecteurs, qui eux-mêmes reprennent confiance et osent servir la loi. Tous comprennent enfin qu'une ère nouvelle est inaugurée, où l'État prodigue les encouragements aux maîtres des écoles populaires, mais où il attend que chacun travaille et fasse son devoir.

Le travail, c'est en définitive le grand secret, le mot magique qu'il ne faut pas craindre de répéter sans cesse à nos instituteurs. Les nouvelles méthodes apportent au maître tout autre chose qu'une économie de peine. Quand on supprime ou qu'on relègue à l'arrière-plan les formulaires, les exercices mécaniques, c'est pour mettre à contribution l'activité personnelle du professeur et de l'élève. L'État, en améliorant le sort de l'instituteur, en l'entourant de considération et d'indépendance, n'a pas entendu lui créer des loisirs, mais au contraire lui fournir les moyens de se donner presque sans partage, avant, pendant et après la classe, au soin de son école. Ni la préparation des leçons ni la correction des cahiers ne se peuvent faire au pied levé, sous l'œil des élèves : c'est ce que les bons maîtres comprennent à merveille, et ils agissent en conséquence.

Je dirai quelques mots de chacun des divers enseignements. A certains égards, ils sont mieux traités qu'autrefois; l'exercice oral remplace la répétition indéfinie des mêmes exercices écrits. Ce que l'on ne trouve pas au degré que l'on voudrait, c'est l'esprit d'*unité*, le véritable esprit d'éducation, qui relierait toutes ces disciplines spéciales pour les faire concourir à l'éveil et à la bonne culture de l'esprit même. La grammaire cesse peu à peu d'être enseignée en formules arbitraires; çà et là on tâche de la rendre concrète, de la faire en quelque sorte naître sous les yeux de l'élève des exemples de la langue courante; mais il s'en faut encore que cette délicate et utile science soit présentée sous une forme assimilable à l'intelligence du jeune âge. On se noie presque partout dans ce qu'on appelle la *lexicologie*, et qui n'est qu'une routine mécanique d'un nouveau genre, qui dispense trop le maître et l'élève d'un effort personnel. L'analyse grammaticale m'a paru faiblement étudiée en beaucoup d'écoles, et l'analyse logique plus faiblement encore : cela tient, en partie, à une réaction excessive contre l'ancien abus des analyses écrites quotidiennes; à mon avis, c'est trop présumer de la vertu de la leçon orale que de s'en reposer sur elle seule du soin d'éclaircir et de fixer cette sorte de notions. L'orthographe est partout cultivée avec succès; seulement elle prend trop de temps et de place. Les dictées sont longues et multipliées : pourquoi ne pas utiliser pour cette fin et pour celle de l'*écriture* d'autres devoirs écrits? L'arithmétique continue d'être la branche de prédilection; on la pousse en beaucoup d'écoles, surtout dans celles qui ont une division qualifiée de *supérieure*, au point de rompre l'équilibre général; mais enfin il y a là non seulement des résultats d'une utilité prochaine, mais une habitude prise d'ordre logique, de rédaction sobre et serrée. La géographie a pris un grand essor, même dans les médiocres écoles; on se familiarise avec la carte; on trace à main levée le dessin d'un département, d'un réseau de fleuves. Enfin l'histoire de France, autrefois si cruellement négligée, tend à reprendre sa légitime place; on l'étudie partout. Les écoles congréganistes elles-mêmes se décident peu à peu à l'introduire dans les classes inférieures. Les manuels se renouvellent, excepté dans la plupart des écoles religieuses; on s'aide de la carte pour la mieux comprendre. Les meilleurs maîtres exposent la leçon à l'avance, en présence de toutes les divisions réunies, qui prennent grand intérêt à ces récits et en tirent profit, chacune selon son âge; d'autres se contentent de lire le livre en l'expliquant, ce qui est un procédé inférieur au précédent, mais utile aussi à son degré. Les instituteurs et les institutrices qui avaient pris leur brevet ou leur lettre d'obédience sous le régime de 1850 à 1867 sont naturellement fort embarrassés d'avoir à enseigner les parties nouvelles, l'histoire et la géographie; chacun s'en tire comme il peut, et souvent fort mal. Les maîtres laïques ont au moins la ressource de recourir aux manuels de MM. Lavisse et Foncin; mais dans presque toutes les écoles congréganistes on s'en tient à des livres surannés ou à des cours à la fois mal assortis, par leur étendue, à l'intelligence des enfants et contraires à l'esprit libéral de notre temps.

On n'est pas arrivé, même dans beaucoup de bonnes écoles, à obtenir des élèves, à la fin de chaque campagne scolaire, un savoir assez lucide ni assez précis. Il y a encore beaucoup de ténèbres dans cette étude : outre qu'elle n'est pas soumise à des procédés de revision rigoureux ni accompagnée de moyens auxiliaires, — tels que, par exemple, des tableaux chronologiques, sobres de dates et de faits, embrassant toute l'histoire, — elle n'est pas encore assez bien expliquée pour être facilement assimilable; mais n'oublions pas que c'est une étude nouvelle, où il faut beaucoup savoir pour bien enseigner un peu, et que les maîtres n'avaient jusqu'à présent à leur service ni de bons ouvrages ni de suffisantes indications sur la manière de procéder. La voie est ouverte; le premier pas est fait : d'ici à quelques années les fils du peuple sauront tous quelque chose du passé de leur pays; espérons que le tour des filles viendra aussi.

La *composition* française est généralement faible : qui s'en étonnerait? Ne savons-nous pas le peu qu'elle vaut dans les classes inférieures du lycée, où l'on dispose de précieux moyens auxiliaires. On ne va pas seulement se heurter ici à l'obstacle du dialecte béarnais et de la langue basque, avec leurs vocabulaires et leurs tours propres et l'usage quotidien qu'en font les enfants; la difficulté gît dans la nature même de ces exercices, où la correction du langage ne vient presque qu'en seconde ligne et où les qualités à rechercher, soit d'invention, soit de disposition, réclament l'effort le plus individuel de l'esprit et le moins sujet à des formules précises. Ce n'est donc pas la faute des élèves ni celle des maîtres primaires si le succès est encore très médiocre; ils ne s'épargnent pas à composer des *récits*, des *lettres*, des *résumés* d'histoire, etc.; c'est plutôt l'art qui manque, avec des moyens appropriés à l'état social et au degré de culture des enfants. L'instituteur, je l'ai dit, a été mal préparé jusqu'à présent à cet enseignement, n'ayant pas même été fortement instruit à manier la langue pour son propre compte; aussi ne se meut-il pas avec sécurité dans ces exercices comme il se meut dans la grammaire, l'arithmétique ou même l'histoire. Il se borne à lire un texte, que l'élève doit reproduire, ou à donner des sujets empruntés aux journaux pédagogiques. L'élève écrit son récit ou sa lettre en un temps assez court, souvent sans *brouillon* et sans rature; le maître fait lire trois ou quatre copies en classe; il saisit au passage les fautes les plus apparentes, et c'est tout. Une telle façon de vérifier le travail de l'élève est trop superficielle et trop sommaire pour donner le moindre profit; ni le maître ne peut reconnaître, avec les fautes, les vrais défauts, ni surtout il n'en peut rendre compte. Il convient de rappeler que, dans les écoles primaires comme dans les écoles secondaires, le seul mode de correction utile, c'est la correction individuelle, précise, détaillée, expliquée en classe sur quelques cahiers, sanctionnée au besoin par une *seconde édition* que l'élève sera invité à faire du même exercice, couronnée enfin par la lecture du *texte modèle* que l'instituteur, à défaut du livre, aura soin de préparer d'avance. N'oublions pas enfin la nécessité d'inaugurer ces exercices, oraux ou écrits, dès le jeune âge, en les graduant avec le soin le plus attentif et en les faisant tous porter sur des objets d'expérience familière. Tout cela existe en germe dans nos écoles; il s'agit de le développer et de le régler. Quelques-uns de nos maîtres obtiennent de leurs élèves les plus avancés des *relations* d'événements locaux : fêtes de village, cérémonies, marchés, etc., qui montrent à quel niveau pourront un jour atteindre les enfants mêmes des communes rurales. Je ne citerai que le *carnet*, fort intéressant, d'un élève de l'école de Saint-Just (arrondissement de Mauléon).

Un exercice beaucoup trop négligé dans les Basses-Pyrénées comme dans les départements voisins, c'est la *récitation* des morceaux choisis de prose ou de poésie, soigneusement récapitulée à la fin d'une courte période. On dirait que nous n'y avons vu jusqu'à présent qu'un plaisir superflu, une sorte de luxe réservé à des élèves d'une condition plus relevée. J'estime au contraire qu'il devrait entrer comme partie constitutive dans notre organisme d'instruction primaire et figurer dans l'emploi quotidien du temps, non seulement pour servir d'appui à tous les « devoirs » où la langue tient un rôle principal, mais aussi comme auxiliaire de l'éducation morale du peuple. En effet, quel meilleur, ou plutôt quel autre moyen de former le sens moral que d'éveiller le sens de l'*admiration* pour ce qui est beau, c'est-à-dire pour ce qui est supérieur à nous et digne de nous maîtriser. Il y a de ce côté une réforme à introduire aussi importante qu'aisée.

La *rédaction d'histoire* est partout en honneur, sous le nom généralement trompeur de *résumé*. Je n'ai garde de médire de cet exercice, dût-il se réduire, comme c'est presque toujours le cas, à une reproduction de simple mémoire du texte que l'on a étudié; mais nos instituteurs en tireront un meilleur parti, à la fois pour l'histoire même et pour la pratique de la langue française, en demandant à leurs élèves soit un vrai résumé, s'ils sont d'âge à l'entreprendre, soit l'exposé d'une courte explication orale proposée au cours de la leçon, soit la simple reproduction d'un récit intéressant. Ces exercices, très restreints quant à l'étendue (une page au plus), mais assez fréquents, concourent mieux à exercer les facultés originales de l'enfant et à assouplir la langue que les longues «rédactions»; mais il va sans dire qu'ils ne seront fructueux qu'à la condition d'être l'objet d'une correction régulière, sinon écrite au moins orale.

Avant de quitter ce chapitre de la composition, je signale l'usage excessif de la *forme épistolaire*, surtout dans les écoles de filles. Cette forme, qui a sa logique propre, séduit par son apparente commodité; on se croit dispensé de chercher des idées, des idées justes, avec l'ordre naturel qui leur convient, et l'on prodigue des sentiments banals, exprimés au hasard de la plume. Préférons une forme littéraire et une nature de sujets qui détournent nos enfants de l'amplification facile et qui les plient à la réflexion, à la simplicité, à la sobriété.

La *lecture expliquée* est l'un des signes les plus encourageants du progrès qui s'accomplit dans notre instruction primaire. Sans doute cette explication est souvent sèche, indigente, purement grammaticale ou *lexicologique;* mais c'est un germe qui ira se développant à la faveur des conférences et surtout d'un meilleur noviciat à l'école normale. Un certain nombre de maîtres et de maîtresses s'y appliquent; ce sera partout la partie la plus vivante et la plus vivifiante de la classe quand tous les instituteurs auront compris la nécessité de la préparer chaque matin avec un soin scrupuleux. Quant à la *diction* proprement dite, à la manière de lire ou de parler nette, articulée, intelligible, j'ai le regret d'avoir la même plainte à exprimer pour les Basses-Pyrénées que pour les autres départements de mon ressort d'inspection. Je ne parle pas de l'*accent*, plus ou moins entaché de provincialismes : ce n'est là qu'un défaut insignifiant à mes yeux; mais la *prononciation* nette, claire, distincte, c'est de quoi nous n'avons le droit de dispenser personne. Il y a là toute une gymnastique à entreprendre pour dégourdir des organes paresseux. Elle demandera aux maîtres beaucoup de peine et de temps; mais l'intelligence elle-même y trouvera profit.

Je me résume. Il reste beaucoup à faire dans ce département. L'ordre du jour des écoles, si je puis ainsi dire, est confus à l'excès et chargé; certaines parties sont mal organisées; les résultats sont flottants, mal assurés; la «campagne scolaire» ne se développe pas avec assez de fermeté vers un but défini, marqué à l'avance; tout révèle qu'on est en train de passer d'un régime pédagogique à un autre et, en quelque sorte, de *déménager*. Mais le progrès s'annonce dans toutes les branches; il est déjà remarquable dans certaines écoles, et les plus faibles font effort pour ne pas rester trop en arrière. Qu'une impulsion plus énergique se fasse sentir, transmise de l'inspecteur d'Académie aux inspecteurs primaires, secondée par les conférences et par les journaux pédagogiques, et le mouvement actuel de réforme n'aura bientôt rien à envier à celui de 1833.

J'aimerais maintenant passer en revue une à une les principales écoles que j'ai visitées, mais ce détail me conduirait trop loin. Je me borne, non sans regret, à mentionner parmi les meilleures : la grande école laïque de filles de Pau, peuplée de 400 élèves, admirablement installée, munie de bons instruments et de bons livres, et desservie par une directrice et des maîtresses qui prodiguent leur peine, et ne demandant qu'à se perfectionner dans leur art et à réformer les points faibles de leur organisation et de leur enseignement. Au-dessous de celle-là, qui méritera bientôt, je l'espère, d'être l'école modèle de filles du département, je me fais un plaisir de signaler la petite école communale laïque de filles de Navarreins, où le mouvement et la vie abondent; celle de Tardets; et, un peu au-dessous, l'école de Bedous. On pourrait en citer bien d'autres encore, mais, quant à la généralité des maîtresses laïques, elle est encore loin de répondre à ce que l'on peut attendre de l'aptitude naturelle des femmes à l'éducation : leur savoir est peu ample et mal entretenu; leur préparation pédagogique se réduit à peu près à rien; aussi ne se sont-elles pas encore bien mêlées au mouvement de progrès scolaire. Mieux préparées dans une véritable école normale, stimulées et soutenues par l'inspection, elles sont appelées, je l'espère, à occuper plus tard le premier rang.

Quant à l'enseignement congréganiste des filles, j'ai déjà dit combien il était au-dessous des nécessités présentes. Les communautés font effort pour « se mettre au pas »; mais, gênées par leurs précédents, par l'isolement où elles vivent de la vie générale, par leurs livres surannés ou médiocres, par le défaut d'instruction de presque toutes leurs maîtresses, elles ne peuvent rivaliser avec les laïques que pour la bonne tenue et la discipline morale [1]. J'ai regret à m'exprimer en ces termes sur des personnes estimables et dévouées, mais qui portent la peine d'une organisation incompatible avec tout progrès libéral. Je me fais pourtant un devoir de rendre justice à des maîtresses de 1re *division*, dont j'ai pu observer l'activité intelligente à Pau, à Bayonne; je pourrais ajouter, non sans beaucoup de réserves, à Saint-Étienne-de-Baigorry, à Monein, à Mauléon.

Dans l'enseignement des garçons, j'ai remarqué : la grande école laïque de Pau, qui a encore des progrès à faire pour la direction d'ensemble; l'école congréganiste

[1] La communauté des *Servantes de Marie*, d'Anglet, mérite, dit-on, une mention distincte pour le nombre de sœurs qu'elle présente à l'examen du brevet.

de Saint-Jacques, de la même ville, où je n'ai pas eu le temps d'examiner de près les classes élémentaires; l'école laïque de Bayonne, où toutes les classes sont animées d'un bon souffle; la grande école congréganiste, soumise à une énergique et habile direction, mais où les classes inférieures et moyennes, ainsi qu'il arrive presque toujours chez les Frères, n'égalent pas en valeur relative les classes supérieures; un peu au-dessous, les écoles de Saint-Jean-Pied-de-Port, de Navarreins, de Tardets, d'Aramits; mais au tout premier rang, l'excellente école laïque d'Oloron, l'une des meilleures que j'aie visitées. J'arrête là ce dénombrement fort incomplet, qui doit être interprété à l'aide des réserves et des critiques présentées plus haut.

ENSEIGNEMENT PRIMAIRE SUPÉRIEUR.

Cet enseignement a pris depuis quelque temps une assez rapide extension. Il s'est formé des écoles primaires supérieures à Pau, Bayonne, Bedous, Laruns, Salies, Lembeye, Hasparren (l'école laïque), toutes communales, auxquelles il convient d'ajouter les écoles supérieures *libres* de Monein, Bayonne, Hasparren (l'école congréganiste), Navarrenx, et enfin des *cours supérieurs* plus ou moins irréguliers annexés aux écoles communales, tels que ceux de l'école communale laïque d'Oloron, des grandes écoles congréganistes de Pau et de Bayonne [1].

L'école de Pau a un directeur, trois années de cours distincts, 3 adjoints et 54 élèves; celle de Lembeye, un directeur et un adjoint, avec environ 30 élèves; celle de Bedous, un directeur et un adjoint, avec 30 élèves; celle de Bayonne, un directeur, chargé en outre du gouvernement de toute l'école laïque, avec 16 à 18 élèves répartis en deux sections; Hasparren, un directeur, avec 17 élèves; Laruns, un directeur, avec 8 à 10 élèves; Salies, un directeur, avec 18 élèves. Le pensionnat libre de Monein, annexé à l'école communale, compte environ 60 élèves. L'école libre de Navarreins, qui a aussi des classes élémentaires, compte environ 40 élèves, parmi lesquels 7 forment une division supérieure. L'école communale congréganiste de Bayonne a une division supérieure de 45 élèves. Celle de Pau a une division correspondante un peu moins nombreuse. Le pensionnat libre de Saint-Bernard, à Bayonne, réunit des classes élémentaires et des classes supérieures : le nombre des pensionnaires est d'environ 150. A Hasparren, l'école *payante* des Frères ajoute aussi une classe supérieure assez peuplée à ses classes élémentaires.

Le traitement des directeurs est en moyenne de 2,000 francs, le logement en sus.

[1] On pourrait ajouter à cette liste le *pensionnat préparatoire* de Lescar. Cet établissement, fort bien dirigé et en voie de perfectionner son programme et ses moyens d'enseignement, n'est, il est vrai, destiné qu'à préparer des candidats *payants* à l'école normale; mais il tend de plus en plus à prendre le caractère d'une école primaire supérieure, et peut-être deviendra-t-il, sous les auspices de l'école, le meilleur spécimen de ce type d'enseignement dans les Basses-Pyrénées.

Ces indications suffisent à montrer que l'institution répond à un besoin réel et assez général. Les écoles supérieures se recrutent dans la classe des petits propriétaires cultivateurs, des commerçants, employés, chefs de métier, instituteurs. Beaucoup d'élèves n'ont d'autre ambition que de perfectionner leur éducation primaire et de continuer ensuite la profession de leurs parents; mais un bon nombre se préparent aux examens du brevet de capacité, des postes, des ponts et chaussées (agents secondaires), des contributions, des écoles industrielles (Angers), du volontariat d'un an et aux emplois du commerce.

Ce type d'enseignement en est encore à chercher sa loi, ses moyens, ses livres, sa clientèle propre, ses conditions d'âge. On entre dans les écoles supérieures à tout âge, depuis 11 ans jusqu'à 18 et 20. Très peu de candidats peuvent produire le certificat d'études primaires : c'est dire que le niveau d'admission est fort bas, et qu'il en résulte çà et là, dans les commencements, une concurrence fâcheuse avec l'école élémentaire, qui se voit décapitée en perdant prématurément ses élèves les plus avancés.

Quant au programme, il n'est pas moins incertain et flottant. Il se compose de l'enseignement élémentaire, prolongé jusqu'à des limites diverses et flottantes : ici, jusqu'à l'admission à l'école normale; là, jusqu'au brevet inférieur de capacité. On y joint toute l'arithmétique, pratique et raisonnée; les quatre premiers livres de la géométrie et quelquefois les huit; des notions plus ou moins étendues de sciences naturelles; la tenue des livres; parfois une langue vivante, l'espagnol par exemple; enfin, différentes sortes de dessins. On fait aussi dans quelques écoles une place, mais petite et irrégulière, à des notions d'histoire ancienne et d'histoire moderne. Quant à la langue et à la composition, c'est encore la partie faible, négligée, embarrassante. On suit les mêmes errements qu'à l'école élémentaire, avec aussi peu de règle et de plans certains; on apprend généralement peu de beaux passages de nos écrivains; l'histoire littéraire se réduit à presque rien, excepté dans l'école laïque de Pau et dans le pensionnat congréganiste Saint-Bernard de Bayonne, où elle arrive peu à peu à prendre la place qui lui revient : encore est-il rare que les élèves soient mis directement en présence d'un chef-d'œuvre complet, d'*Athalie* par exemple.

N'accusons personne. Nous avons affaire ici à une institution naissante, destinée à répondre à des besoins complexes et mal définis. Les honorables directeurs, publics ou libres, congréganistes ou laïques, m'ont paru être en général des hommes de mérite et fort en souci de leur œuvre; ils ont tous le brevet supérieur[1]; mais ils ne peuvent pas suppléer à eux seuls des précédents réguliers, une tradition consacrée, un appareil éprouvé. Il leur manque une préparation spéciale et des pro-

(1) J'ignore si le frère directeur de Bayonne possède ce titre.

grammes précis. Ils se débattent entre l'intérêt des bonnes études, qu'ils comprennent ou qu'ils devinent, et les exigences pressantes des familles. Ils sont d'abord tenus de «réussir», c'est-à-dire d'accréditer leur école en obtenant des succès aux examens. Dans ces circonstances, il faut leur savoir un extrême gré des efforts qu'ils font pour empêcher les aspirants à telle ou telle carrière de se *spécialiser* à l'avance en négligeant ce qui ne va pas directement au but. Tous les chefs d'écoles supérieures m'ont paru comprendre qu'il était de leur devoir et de leur honneur de tenir ferme sur ce point : ils voudraient être des éducateurs et non de vulgaires dresseurs de brevetés.

Ce serait leur rendre un grand service que de leur proposer un plan bien pondéré d'études avec des programmes distincts pour une première et une seconde année, à partir du certificat d'études, conçus en vue tout ensemble des emplois publics ou privés énumérés plus haut et des nécessités supérieures d'une bonne éducation. Une troisième année pourrait, s'il en était besoin, ajouter quelques développements aux deux autres et laisser du temps de reste au petit nombre de jeunes gens qui voudraient prendre des leçons *particulières* pour un examen plus difficile. Dans un plan de cette sorte, voici trois ou quatre points principaux qu'il conviendrait, à mon avis, de mettre en relief :

1° Maintenir l'équilibre entre les diverses parties pour les faire concourir à un but supérieur, la bonne culture de l'esprit, la formation de saines et fortes habitudes de travail et de jugement. Éviter en conséquence que les mathématiques ne prennent une prépondérance injustifiable, ainsi qu'il arrive partout.

2° Réserver à l'histoire ancienne et à l'histoire moderne générale une place régulière dans l'éducation des deux années. Resserrer cet enseignement en d'étroites limites, le préserver de l'excès de détail; mais en faire un instrument de vraie culture supérieure.

3° Assigner le même office, avec la même sobriété de détails, à l'étude de nos principaux chefs-d'œuvre nationaux et à notre histoire littéraire. Multiplier les exercices de lecture en commun et de récitation; développer le goût du *simple* et du vrai dans la pensée et dans l'expression, et l'admiration du beau. Armer ainsi du mieux que l'on peut l'élite de notre peuple rural ou urbain contre le sophisme emphatique, la déclamation violente et vide de la basse littérature.

4° Élever aussi les *notions de sciences naturelles* à la dignité d'un appareil régulier d'éducation. Réduire pour cela la quantité, mais rendre ce que l'on conserverait parfaitement assimilable, et en user, non pour accroître le bagage des connaissances, mais pour instituer des habitudes d'observation attentive, d'analyse exacte, de curiosité féconde et bien réglée.

L'enseignement primaire supérieur mériterait d'attirer la plus sérieuse attention de MM. les inspecteurs, précisément parce qu'il répond à des besoins nouveaux et qu'il cherche encore sa voie. J'ose dire que leur responsabilité est bien plus engagée dans cette entreprise obscure que celle des directeurs, dociles à leurs avis : c'est à eux d'observer les besoins, de constater les résultats, de se consulter entre collègues pour essayer des améliorations; enfin, de ne pas laisser dégénérer ces établissements en de simples écoles primaires, un peu plus chargées de matières d'études que les autres, ou en écoles de préparation précipitée aux examens. Il importe surtout qu'ils aient toujours en vue dans leurs programmes la véritable clientèle du nouvel enseignement, les fils de propriétaires cultivateurs et de commerçants ou industriels disposés à suivre la voie ouverte par leurs parents. A de tels élèves, il faut une nourriture intellectuelle substantielle, choisie, mais simple, sobre et servant à la pratique. Ce serait un malheur pour la société et pour les familles elles-mêmes que les écoles supérieures vinssent en quelque sorte tenter à domicile les jeunes gens intelligents de se *déclasser* à la légère et presque sans frais, et d'aller encombrer l'abord des emplois. Il est du devoir du Gouvernement d'employer son influence à ne pas laisser dévier une si utile institution de son principal but.

Si j'avais à assigner une première place entre les établissements primaires supérieurs des Basses-Pyrénées, je la donnerais à celui de Pau. Il offre sans doute encore bien des points faibles, et il n'échappe pas aux critiques générales qui atteignent les autres: mais l'organisation, plus ancienne, en est assez complète, et la direction en est intelligente et sérieuse. Je ne parle pas du pensionnat préparatoire de Lescar, qui est marqué d'un caractère spécial.

Parmi les écoles libres, celle de Monein mérite une mention particulière pour les succès nombreux qu'elle obtient aux divers examens, notamment à l'examen du brevet de capacité; mais cette nécessité dominante de la *préparation spéciale* a nui jusqu'à présent à l'équilibre et à l'ample développement de l'instruction: l'habile et très actif maître qui la conduit (et qui est en même temps directeur de l'école communale) se mettra sûrement en mesure d'atténuer ces défauts. Au premier rang des écoles congréganistes libres, il faut nommer *Saint-Bernard* de Bayonne, l'un des pensionnats les plus fortement constitués des Frères de la Doctrine chrétienne, parfaitement installé, très bien pourvu de classes de tous degrés, où je regrette seulement de trouver mêlés, ainsi qu'à celui de Bordeaux, des élèves d'âges si disparates; bien pourvu aussi de professeurs, la plupart brevetés, à ce qu'on assure, ainsi que de moyens auxiliaires pour la préparation aux examens du brevet d'Angers, des ponts et chaussées (agents secondaires), etc. Il se recrute soit à Bayonne même, et en partie parmi des enfants de « bonne famille », qui suivent les classes élémentaires jusqu'à leur entrée au collège, soit dans le pays basque et en Espagne. Les familles basques de moindre fortune envoient leurs fils à l'école des Frères de Hasparren, inférieure de tous points à celle de Bayonne, et elles les mettent en pension chez les prêtres missionnaires de la même ville.

Quant à l'école supérieure laïque de Bayonne, elle est encore loin d'avoir pris le développement auquel elle est appelée; ce n'est, à vrai dire, qu'une *division supérieure* de l'école communale.

LE PAYS BASQUE.

Le plus grand nombre des observations qui précèdent s'appliquent à la partie basque du département (arrondissement de Bayonne et de Mauléon) aussi bien qu'à la partie béarnaise; mais, ainsi que je l'ai dit en commençant, le pays basque mérite une étude spéciale. La situation scolaire y est exceptionnellement mauvaise; elle tient à la langue, aux traditions, à la religion, à l'état social, qui concourent à isoler cette charmante race de ses voisines; mais à son tour elle rend en quelque sorte incurable ce qu'il y a de mauvais dans l'état moral et social. Les deux tiers, les trois quarts des enfants qui fréquentent nos écoles ne sont pas plus capables de parler le français usuel que de le comprendre: quand on les interroge ou qu'on leur donne une explication, on est tenté de se croire au milieu d'étrangers. Dans le seul arrondissement de Mauléon, plus de 2,000 enfants, presque 3,000 sur 9,500 de 6 à 13 ans, ne figurent pas sur les registres d'inscription; quant aux inscrits, leur assiduité ne se prolonge guère au delà de cinq mois.

Il faut observer de près cet état de choses pour comprendre à quel point il empêche les communications de tout genre entre nos concitoyens basques et nous, et, si j'ose ainsi dire, leur annexion à notre civilisation morale. Leur langue nationale est à peu près la seule dont ils fassent usage; c'est la langue des besoins vulgaires et journaliers, ainsi que des sentiments de famille; c'est surtout celle de la religion, c'est-à-dire de tout l'ordre des croyances, des traditions morales, des règles de conduite, des hautes espérances et des plus intimes émotions. Là est évidemment le grand obstacle. On parle, on pense, on sent en basque, dans un idiome qui n'a rien de commun avec nos idiomes occidentaux; on ne lit ni livres ni journaux français, excepté dans les villes. Les curés prêchent et enseignent en basque; beaucoup de garçons n'apprennent par cœur que le catéchisme basque, et c'est là le plus clair de leur instruction [1]. Le clergé est investi de la confiance gé-

[1] Quand le moment de la première communion approche, beaucoup d'enfants désertent l'école pour s'appliquer sans réserve au catéchisme. Il y a un tiers des communes où les heures du catéchisme ne se concilient pas avec les heures de classe. Quelques élèves des leçons du catéchisme ne sont jamais à l'école; et nombre de jeunes garçons et surtout de jeunes filles n'y paraissent que vers l'âge de la première

nérale: il est éminemment *national* et doublement basque, peu favorable à la diffusion du français, qui est à ses yeux le véhicule des idées étrangères et suspectes, de l'esprit d'insubordination et d'incrédulité. Il passe pour être généralement hostile aux institutions actuelles; les familles anciennes et influentes partagent ces sentiments politiques. L'école *française* est ainsi isolée de ses appuis naturels; sa force n'est que dans le pouvoir central, dont les représentants demeurent trop loin et se succèdent trop vite pour exercer une action bien efficace. Reste l'intermédiaire naturel, l'inspecteur primaire, à la fois surveillant, guide, tuteur, qui est de plus en plus appelé à représenter aux yeux des maîtres la patrie française et les idées libérales.

Je n'ai sans doute pas besoin d'insister sur le devoir impérieux qui s'impose au Gouvernement de la République d'appliquer des moyens exceptionnels à une situation si exceptionnelle. Moyens réguliers, cela va sans dire, purement scolaires et pacifiques. Il s'agit d'associer nos concitoyens à notre langue, à notre histoire, à tout notre mouvement national, comme ils supportent déjà nos charges militaires et fiscales, et comme ils jouissent des faveurs d'une bonne administration. De même que nous n'avons pas encore acquitté notre dette de tutelle et de direction morale envers cette race vive, spirituelle, courageuse, elle est loin, à son tour, de nous avoir apporté le contingent d'aptitudes et de talents qu'elle est capable de fournir.

Ce n'est pas d'aujourd'hui que l'on songe à exercer une action plus suivie sur notre province basque. Il s'est trouvé des préfets qui n'ont pas su prendre leur parti de ne pas trouver dans leurs tournées des maires et des adjoints capables de converser avec eux autrement que par interprète, ni de visiter des écoles françaises où le français n'était pas la langue en usage pour tous et pour tout. Ils ont songé à faire interdire, selon la règle universellement adoptée dans nos écoles, la pratique d'une autre langue que la nôtre; mais le Gouvernement a eu raison de ne pas adopter ce moyen rigoureux, qui lui aurait aliéné les familles et qui d'ailleurs eût rendu l'enseignement impossible. On aurait aussi voulu obtenir du clergé qu'il admît partout le catéchisme français; mais il n'y a pas à espérer une pareille concession. Enfin, on se flattait qu'en envoyant des instituteurs de langue française en pays basque, on imposerait indirectement l'usage exclusif du français dans l'école: mais, outre que cette mesure ne peut guère s'appliquer que sur

communion pour y apprendre à lire et à réciter le catéchisme basque. Au reste, on trouve des catégories toutes semblables dans les écoles de filles (congréganistes) de Pau, Dax, Bayonne, etc.; on leur enseigne ce que l'on peut de lecture et d'écriture durant leur court séjour à l'école. J'ai dit que la *répétition* du catéchisme à l'école se fait en basque; seulement les instituteurs se font presque tous un devoir de traduire en français la lettre du catéchisme basque. Dans la moitié des écoles peut-être le catéchisme se récite dans les deux langues: les leçons du curé sont suivies beaucoup plus assidûment que celles de l'instituteur.

une très petite échelle, et qu'il faudrait, pour atteindre la fin voulue, ne faire choix que de maîtres d'élite, capables de surmonter les obstacles et de gagner la confiance des parents, il arrive que les instituteurs venus du Béarn sont obligés d'apprendre eux-mêmes un peu de basque et de recourir à des moniteurs-interprètes, sous peine de n'atteindre pas la moyenne des élèves.

Il n'y a pas d'illusion à se faire : le basque étant la langue non seulement dominante, mais à peu près unique, on ne peut pas s'en passer pour l'enseignement du français. C'est de ce principe qu'il convient de partir dans les réformes à entreprendre, si l'on veut faire œuvre qui dure. Le basque offre le seul moyen de jeter dès le jeune âge un pont entre le maître et l'élève. Cela s'est toujours pratiqué ainsi, parce que cela ne peut pas se pratiquer autrement. Le mal est que cela se pratique au hasard, sans règle et sans moyens convenables. Voici les dispositions qui me sembleraient les meilleures pour accélérer l'œuvre d'*unification* de langue et de culture générale[1].

I. Choisir avec un soin tout particulier les candidats basques à l'école normale: n'admettre que des jeunes gens très bien doués: leur donner, durant les deux dernières années, des leçons pédagogiques spéciales, à la fois théoriques et pratiques, soit en vue de l'usage à faire du basque dans la division primaire des commençants, soit en vue de la direction générale des cours primaires et des cours d'adultes en pays basque. L'un des deux inspecteurs de Bayonne et de Mauléon pourrait être chargé des exercices pratiques, de concert avec le professeur de pédagogie. Je voudrais en outre qu'à l'examen du brevet de capacité figurât une épreuve pédagogique basque, à titre facultatif, et que cette *mention* fût exigée de tout instituteur qui postulerait une école basque. Il n'y aurait que justice à tenir compte, pour cette épreuve, des notes de l'école normale, et à la rendre en tout cas particulièrement difficile (quant à la durée de l'examen, par exemple) pour les candidats étrangers à l'école.

II. Composer un programme spécial d'enseignement, avec des livres élémentaires écrits dans les deux langues, analogues par certains côtés à ceux dont on fait usage pour apprendre une langue vivante étrangère. Ces livres contiendraient, rangés dans un ordre méthodique, un vocabulaire des mots usuels, des phrases, des exercices de thèmes et de versions, des morceaux simples et courts à apprendre par cœur, etc., des canevas de conversation, des maximes de morale, des traits de l'histoire de France, etc., avec quelques traits empruntés au passé de la race eus-

(1) Il va sans dire que nul ne songe et ne doit songer à supprimer la langue basque : ce serait à la fois violent, impolitique et inutile. Elle ne disparaîtra que trop tôt d'elle-même, sous la pression de tout un ordre supérieur de civilisation. Le mouvement s'accomplit lentement chez nous ; il est, dit-on, très sensible de l'autre côté des Pyrénées.

karienne. Je voudrais que ce manuel, destiné à être le principal instrument de la réforme, fût *excellent,* comme livre à la fois d'instruction générale et d'éducation morale, historique ou patriotique, et qu'il fût digne de devenir le *livre de famille* autant que le livre de classe. Aussi conviendrait-il d'en diriger la composition avec une extrême sollicitude et d'en provoquer chaque année la revision en comité d'inspecteurs.

III. Établir, dès la classe inférieure, des *exercices quotidiens de récitation de morceaux de prose et de poésie,* récapitulés de semaine en semaine et de mois en mois.

IV. Établir deux *lectures quotidiennes en commun,* à l'adresse de l'école entière, faites par l'instituteur: j'entends des lectures intéressantes, d'une durée d'un quart d'heure, à la fin de la classe du matin et de la classe du soir.

V. Donner à l'*histoire de France,* dans chacun des trois *cours,* une place considérable, sous la forme de simples récits oraux ou de leçons proprement dites. *Afficher* les principaux événements, avec les noms des principaux personnages et les dates capitales, dans des *tableaux muraux,* composés au besoin par l'instituteur lui-même et auxquels on ramènerait sans cesse les yeux et l'attention des élèves. Étendre de la même manière à *toutes* les classes, en des proportions et des formes appropriées, l'enseignement de la géographie de la France. Associer ainsi par tous les moyens les jeunes Basques à la destinée et aux intérêts de leur grande patrie.

VI. Instituer des *examens obligatoires trimestriels* (fin décembre-15 avril-15 juillet), où l'instituteur, assisté du délégué cantonal et du maire ou de son délégué, constaterait le degré où chacun des élèves inscrits est parvenu dans la pratique de la langue : lecture, récitation, conversation, rédaction de quelques lignes sur le plus simple sujet domestique, local, agricole. Une note précise, que l'inspecteur contrôlerait à sa première visite, marquerait le résultat. L'examen d'avril, le plus important parce qu'il termine la saison d'hiver, pourrait porter sur les autres matières du programme.

VII. Instituer des *concours obligatoires* analogues à ces examens entre les premières divisions des écoles d'un même canton. Profiter de ces réunions pour éveiller chez les enfants l'idée de la patrie française. L'époque de ces concours pourrait coïncider avec celle du certificat d'études primaires.

VIII. Exercer les élèves les plus avancés à tenir un *journal hebdomadaire* de tout ce qui se passe d'intéressant dans le village : fêtes, cérémonies religieuses, foires et marchés, phénomènes de la saison, semailles et récoltes, etc. Ce seraient les archives de l'école: elles compteraient pour les concours.

IX. En attendant la loi sur l'obligation scolaire, dont l'établissement est tout ensemble plus nécessaire et plus difficile ici qu'il ne l'est ailleurs, instituer durant l'été, d'accord avec le maire, des *classes du dimanche*, de deux ou trois heures de durée, consacrées surtout aux exercices de langue, à l'usage des élèves qui ne suivent plus la classe.

X. Au lieu des cours d'adultes, peu suivis et mal constitués, établir de préférence (sans exclure toutefois les premiers) des *cours d'adolescents*, à l'entrée de la nuit, au besoin dans la classe de l'après-midi, deux fois par semaine. Ainsi se prolongerait utilement l'éducation des enfants qui viennent de quitter l'école et qui n'ont pas encore pris les allures émancipées des jeunes gens. Encourager les élèves de ces cours à la fréquentation par une distribution de menues récompenses : livres, crayons, carnets, etc.

XI. Encourager par des distinctions honorifiques et par des récompenses pécuniaires les instituteurs qui, à la fin de l'année, auraient, au jugement de l'inspecteur, fait avancer le plus la moyenne de leurs élèves dans la connaissance de la langue.

XII. Fonder dans chaque école une *bibliothèque* de petits livres intéressants d'histoire, de voyages, etc., laquelle se ravitaillerait dans une *bibliothèque centrale*. Chaque lundi, le maître consacrerait une demi-heure, au commencement de la classe, à s'entretenir familièrement avec les élèves de ce qu'ils ont trouvé de plus attrayant dans leurs lectures; on saurait gré aux instituteurs qui consigneraient dans un journal à part le résumé de ces entretiens.

XIII. Régler à l'avance chaque année, en attendant que la loi organique sur l'instruction primaire soit votée, les jours et heures des leçons de catéchisme du curé. S'entendre directement à ce sujet avec l'évêque de Bayonne, qui assurément ne refuserait pas son concours à une entente cordiale.

XIV. S'appliquer à tirer le meilleur parti possible des *conférences cantonales*; y donner une place notable aux exercices pédagogiques basques, destinés à tenir lieu de l'éducation spéciale que j'ai recommandée plus haut pour les élèves-maîtres basques de l'école normale. Veiller avec beaucoup d'attention au choix des sujets, etc. Que l'inspecteur d'Académie s'y transporte quelquefois en personne; qu'il appelle autour de lui les membres des conférences voisines; qu'il organise, s'il est possible, deux *conférences annuelles*, l'une à Saint-Palais pour la Soule et la Navarre, l'autre à Bayonne pour le Labourd; qu'il s'efforce, en agissant directement sur le personnel enseignant, de lui inculquer et les bonnes méthodes et, mieux encore, la bonne ambition, le sentiment d'une grande œuvre nationale et libérale à exécuter en commun. Accorder au besoin, pour faciliter ces réunions, de légères indemnités de déplacement.

XV. Mais toutes ces mesures réclament des *inspecteurs primaires d'élite*, Basques eux-mêmes, assez jeunes, *stables*, *pourvus d'amples frais de tournée*, affranchis d'une partie des écritures réglementaires et qui *confèrent souvent avec l'inspecteur d'Académie, présent sur les lieux*, de la marche de l'œuvre. Je voudrais qu'après la première visite, nécessairement minutieuse et longue, ils fussent autorisés à contrôler dans la même journée quatre, cinq, six écoles, de manière à communiquer plus souvent avec les maîtres.

XVI. Il va sans dire que ces dispositions concernent les écoles de filles aussi bien que celles de garçons: elles concernent aussi les écoles congréganistes. J'ajoute à ce propos que, tant que l'autorité de l'inspecteur sur le personnel des communautés enseignantes et sur leurs livres scolaires sera balancée par l'autorité occulte des supérieurs, il n'y a pas de réforme sérieuse à espérer dans l'éducation des filles basques.

Telles sont les mesures que je proposerais d'adopter : l'expérience ne tarderait pas à suggérer des correctifs et des compléments; elles ne pourraient aboutir que par l'entente persévérante des magistrats civils et des fonctionnaires de l'Université. L'œuvre vaudra ce que vaudront les hommes: mais il semble que les circonstances soient aujourd'hui particulièrement favorables. A la tête du département, un préfet actif et plein de ressources, qui a déjà fait ses preuves de dévouement à l'instruction primaire et qui se préoccupe vivement de la situation anormale du pays basque: à la tête de l'école normale un directeur de grand sens et de beaucoup de bon vouloir, qui ne déclinera pas sa part de responsabilité; à la tête du service scolaire de l'arrondissement de Mauléon un inspecteur basque, jeune, intelligent, entreprenant, et qui a su, dès la première année, prendre exacte connaissance de toutes les données du problème à résoudre. Que M. le Ministre de l'instruction publique veuille bien étendre sa sollicitude à cette aimable et spirituelle race basque, trop négligée par les précédents gouvernements, et l'on pourra dire d'ici à peu d'années que, sous les auspices de la République, la langue française et le génie libéral de la France ont annexé à leur empire une province nouvelle.

ÉCOLE NORMALE.

Il ne me reste plus qu'à dire quelques mots de l'école normale de Lescar, où se forme environ la moitié des instituteurs. C'est de cet établissement que dépend, en définitive, l'avenir de l'instruction primaire dans les Basses-Pyrénées; il m'est particulièrement agréable d'ajouter que son directeur et ses professeurs travaillent de leur mieux à en faire un établissement modèle. Lescar ne mérite pas encore ce titre: mais c'est une école sérieuse, qui se respecte, qui vise à l'éducation de l'esprit, et non à la préparation artificielle et superficielle d'un examen. La tenue morale des maîtres et des élèves est irréprochable. On observe à l'école un ordre exact, tempéré par une sorte de vie de famille; le directeur exerce sur les études et sur la discipline l'influence la plus salutaire : tout enfin contribue à affermir les jeunes gens dans leur vocation.

J'ai dit ailleurs (*Notice particulière*) que l'enseignement, dans ses diverses branches, y est substantiel; qu'il est consciencieusement préparé; que les résultats en sont à tout prendre satisfaisants. Mais il m'a paru qu'à des degrés divers il manque de relief et de couleur; il est plus correct que vivifiant; il ne s'en dégage pas assez de lumière et de chaleur; il n'est pas aussi propre qu'on le souhaiterait à instituer des esprits vigoureux et libres, capables de se développer plus tard par eux-mêmes et de semer chez d'autres des germes de vie au lieu de simples et solides connaissances.

Il y a à cela des causes générales, communes à la plupart de nos écoles normales, et des causes particulières. Lescar se suffit entièrement à lui-même, n'empruntant aucun secours à l'enseignement secondaire. Les professeurs, tous fils du pays, n'en sont jamais sortis. L'école a été leur famille spirituelle depuis les années de la jeunesse ou même de l'enfance; ils ne se sont pas renouvelés par le commerce direct avec d'autres hommes, d'autres exemples, d'autres spectacles.

On ne peut pas songer à modifier brusquement cette situation. D'ailleurs on peut s'en fier à ces honorables maîtres du soin de perfectionner leur manière, et, au besoin, leur méthode et leur savoir. Ils sont intelligents, laborieux, dévoués à leurs élèves; ils ne reculent devant aucun effort; ils prêtent l'oreille aux bons conseils : les progrès notables qu'ils ont récemment accomplis donnent tout lieu d'en espérer de nouveaux.

Je ne reviendrai pas sur les divers enseignements particuliers; je dirai seulement de la culture pédagogique qu'elle a été très négligée ici comme ailleurs, mais qu'elle commence à se relever cette année. Le service hebdomadaire à l'école-annexe est d'un très mince profit pour les élèves-maîtres en proportion du temps et des leçons qu'ils perdent. M. le directeur n'a pas attendu jusqu'à aujourd'hui pour reconnaître cette lacune; il a déjà entrepris des réformes excellentes, qu'il se prépare à développer et à compléter l'année prochaine. Les professeurs sont tout prêts à le seconder, chacun dans son ordre; ils exerceront les jeunes gens soit à rédiger des *notes* courtes et promptes sur quelqu'un des points saillants que la leçon aura mis en lumière, soit à exposer oralement, avec ordre et continuité, telle ou telle partie d'une question mise à l'étude. Des exercices de *leçons* sur un sujet du programme élémentaire, indiqué à l'avance, auront lieu régulièrement à l'*école-annexe* en présence de tous les élèves-maîtres d'une même promotion, sous les auspices du professeur de pédagogie (ici le directeur lui-même), qui, après avoir recueilli les avis et émis le sien, offrira lui-même en partie ou en totalité la leçon-modèle, etc.

Il y a déjà eu des essais en ce sens qui sont d'un heureux présage. M. Chauvin a institué des *conférences de quinzaine entre maîtres*, auxquelles assistent les élèves de 3e année. Directeur, aumônier, professeur de dessin, médecin, maîtres de pensionnat préparatoire, directeur de l'école-annexe, chacun à son tour vient lire devant ses collègues un travail assez étendu, qui est transcrit ensuite dans un registre spécial. Il se forme ainsi une tradition de bonnes études, une communauté d'idées et de sentiments, un « esprit de famille » qui relie à la fois les hommes et les enseignements spéciaux. Les jeunes gens les plus avancés participent à ces avantages; ils apprennent à mieux estimer leurs professeurs en les observant de plus près et à entrevoir la dignité de la science en voyant leurs maîtres l'entourer de respect dans leurs réunions privées en dehors des leçons officielles. J'ai parcouru avec intérêt une grande partie de ces conférences : tout n'y est pas sans doute original ni de pur aloi; mais tout décèle des esprits droits, sincères et sérieux. J'y relève, entre autres titres de mémoires, les suivants : *L'art de lire*, *Le téléphone et la phonographie*, *la Renaissance au XIe siècle*, *Phénomènes physiques et chimiques de la végétation*, *Hygiène scolaire*, *Un voyage dans les villes mauresques de l'Espagne*, *L'Émile* (de Rousseau) *ou les origines de la pédagogie moderne*, *L'Assemblée constituante*, *L'éducation et l'enseignement dans les écoles normales*.

Une autre nouveauté de grande portée, ce sont les *observations pratiques*, recueillies successivement et rédigées par deux élèves-maîtres de 3e année sur un ou deux des enfants qu'ils ont eus sous leur direction durant leur semaine de service; ils étudient le tour d'esprit et le caractère de ces élèves, leurs défauts et leurs qualités; ils indiquent aussi les moyens d'éducation et les remèdes qu'ils ont commencé d'employer : c'est une sorte de *clinique pédagogique*. Les premiers essais, modestes de ton, sérieux, bienveillants, d'une observation pénétrante, assez bien écrits, sont de nature à faire bien augurer d'un tel genre d'exercices, pourvu qu'il soit contrôlé par un homme d'expérience et de tact. M. Chauvin, sur ce point, ne le cède à personne.

Enfin, on a inauguré des *leçons* ou *conférences* faites par les élèves, le dimanche, en présence du directeur, de quelques professeurs et de toute l'école. L'élève, qui a dû se préparer sur un sujet tiré au sort quelques jours auparavant, traite une question de géométrie, de grammaire, d'histoire; il interroge ses camarades chemin faisant; il s'essaye au métier d'enseigner. Quand il a fini, il subit les critiques, toujours bienveillantes, de ses pairs et de ses supérieurs.

Tous ces moyens, et d'autres encore, continués avec persévérance et sans cesse perfectionnés, relèveront l'éducation professionnelle à l'école de Lescar. On se plaint que ces jeunes gens, une fois à l'œuvre, témoignent de plus de science que d'art : c'est un reproche à ne plus mériter. Il faut que l'école-annexe, en particulier, devienne à la fois une école primaire modèle et un noviciat pédagogique, au sens complet du mot.

Je n'ajouterai qu'un mot concernant le *cours normal des institutrices* dirigé par les Dames de Saint-Maur. Il y a incontestablement là des habitudes de travail. Les élèves acquièrent une mesure convenable de savoir, sur les différentes matières du programme, au moins pour le brevet élémentaire; mais je ne puis dire qu'il y ait une véritable éducation de l'esprit, méthodique, ample et féconde. Le livre domine tout; il semble qu'une bien petite part soit faite à la réflexion et à l'appropriation personnelle. Quant à l'instruction et à la pratique pédagogiques, elles se réduisent à peu près à rien. Il faut souhaiter, pour le relèvement de l'éducation des femmes dans les Basses-Pyrénées, que l'*école normale*, avec son enseignement complet, la variété de ses moyens auxiliaires et surtout avec son personnel de maîtresses éprouvées, ne tarde pas à remplacer le simple *cours normal*.

Agréez, etc.

Félix PÉCAUT,

Délégué à l'inspection générale de l'enseignement primaire.

Salles-Mongiscard, 14 août 1880.

DÉPARTEMENT DES LANDES.

MONSIEUR LE MINISTRE,

A mon grand regret, il ne m'a pas été possible de parcourir tout le département des Landes; la mission que vous m'avez fait l'honneur de me confier d'organiser l'école normale supérieure des institutrices m'a obligé de retourner prématurément à Paris. J'aurais voulu pénétrer au cœur du pays, étudier de près les mœurs scolaires, la manière de vivre de l'instituteur dans les vastes solitudes de l'intérieur ou dans le voisinage des dunes. J'ai dû me borner à visiter avec attention les deux villes principales et à m'entretenir longuement avec MM. les inspecteurs. Au reste, j'avais déjà eu l'honneur de vous adresser, au mois de juillet, un rapport détaillé sur l'école normale de Dax.

De tout ce que j'ai vu et entendu, comme aussi des résultats qui m'ont été communiqués de l'examen d'admission à l'école normale et des examens du certificat d'études, il résulte que le niveau moyen des écoles est bien peu élevé. On dirait que l'air du pays communique une certaine mollesse, un laisser-aller, une habitude de vie facile auxquelles n'échappent pas les instituteurs et leurs élèves. Le remède à cette atonie, il n'y a évidemment à le demander qu'à l'école normale et à l'inspection. C'est à MM. les inspecteurs primaires, au directeur et aux professeurs de l'école de Dax de réagir contre les influences débilitantes, et d'infuser une vie scolaire nouvelle à un pays qui, je m'en suis convaincu en observant de près durant plusieurs jours les élèves-maitres, n'est assurément destitué ni de bon sens, ni de finesse d'esprit, ni surtout de généreux sentiments. Le conseil général des Landes est animé des meilleures dispositions; quelques grandes municipalités le sont également; une nouvelle circonscription d'inspection vient d'être créée à Morcenx; l'inspecteur d'Académie, M. Moulin, est tout dévoué à l'œuvre de l'instruction populaire : autant de circonstances favorables si l'on sait en tirer parti. J'ai recommandé à M. l'inspecteur d'Académie de veiller de près sur l'école normale de Dax, qui réclame des soins exceptionnels en raison de sa situation, de stimuler MM. les inspecteurs primaires et, par-dessus tout, de leur demander des appréciations nettes et précises, qui puissent donner lieu ensuite à une action vigoureuse. Je le prie aussi de réunir de temps à autre MM. les inspecteurs, non pas au chef-lieu, mais dans quelque commune importante, soit rurale, soit urbaine, afin de pénétrer avec eux au vif de la réalité et des besoins locaux.

Le nombre des écoles est de 591 (16 de plus qu'en 1878), dont 534 publiques, 57 libres.

Laïques, congréganistes. — On compte 235 écoles de garçons, dont 221 laïques et 14 congréganistes: 194 écoles de filles, dont 119 laïques, 75 congréganistes: en outre, 105 écoles mixtes laïques.

Ces chiffres ne révèlent pas la véritable proportion entre l'enseignement laïque et l'enseignement congréganiste; il faut, pour les bien comprendre, se rappeler que les Frères (des écoles chrétiennes, de Lamennais, etc.) occupent quelques-uns des postes urbains les plus considérables, et que les Sœurs (de la Charité, de l'Immaculée-Conception, Servantes de Marie, etc.) les occupent presque tous. Il faut de plus considérer que si, parmi les 57 écoles libres, il n'y en a que 2 congréganistes de garçons à côté de 3 laïques, il y a 34 écoles congréganistes de filles à côté de 18 laïques.

Les chiffres qui marquent le nombre des élèves dans les deux catégories d'écoles sont plus instructifs. Les laïques, dans les écoles communales, réunissent 22,536 élèves, dont 16,000 garçons environ et 6,390 filles: les congréganistes, 8,232 élèves, dont 2,118 garçons, 6,114 filles. Quant aux écoles libres, les laïques n'ont que 792 élèves, dont 122 garçons et 670 filles: les congréganistes ont 3,122 élèves, dont 184 garçons et 2,938 filles. Ce dernier chiffre mérite d'être mis en relief, puisqu'il représente plus particulièrement le contingent des classes aisées. Si l'on embrasse d'une vue d'ensemble les écoles libres et les écoles congréganistes des deux sexes, on trouve que les laïques ont 23,148 élèves, les congréganistes seulement 11,354, c'est-à-dire environ la moitié, mais cette moitié recrutée dans les centres urbains ou ruraux les plus importants.

Il convient d'ajouter un dernier trait à ce tableau sommaire. Les Landes ont 20 pensionnats primaires, qui répondent aux besoins d'une partie de la classe riche ou aisée, particulièrement en ce qui regarde l'éducation des filles. De ces 20 établissements, 3 sont destinés aux garçons, dont 1 laïque, 2 congréganistes: 17 sont destinés aux filles, dont 4 laïques et 13 congréganistes. Les 5 pensionnats laïques n'ont que 65 élèves, dont 6 garçons et 59 filles: les établissements congréganistes ont 349 élèves, dont 16 garçons et 333 filles.

A peu près toutes les communes ont leur école: il n'y en a que 3 qui en soient entièrement dépourvues; 4 sont réunies pour l'instruction à des communes voisines.

Pour l'enseignement des filles, 17 communes, d'une population supérieure à 500 âmes, échappent à l'obligation d'avoir une école distincte: 14 communes seulement, d'une population inférieure à 500 âmes, ont une école spéciale. Il y a telle commune importante, Saint-Sever, qui n'a ni école publique ni établissement tenant lieu d'école publique; j'ai dû inviter M. l'inspecteur à rappeler à la municipalité les obligations que lui impose la loi, et dont l'État facilite, en cas de besoin, l'accomplissement. Cette irrégularité est d'autant plus fâcheuse qu'à Saint-Sever, ainsi qu'à Aire et à Tartas, les écoles congréganistes de filles, les seules qui existent, ont leur externat cloîtré aussi bien que leur internat et se dérobent ainsi au contrôle de l'autorité scolaire.

Les *cours d'adultes* se sont accrus en nombre, mais non en valeur. On compte sur les doigts ceux dont le succès se soutient jusqu'à la fin de l'hiver ou qui exercent une action sensible sur la jeunesse; ils sont trop souvent une occasion de divertissements plutôt que de travail. On mentionne celui d'Amou comme digne de servir d'exemple.

Le *certificat d'études primaires* prend peu à peu sa place dans les habitudes; le progrès est lent, mais enfin il y a progrès. Dans beaucoup de cantons, des livrets de caisse d'épargne, d'une valeur moyenne de 50 francs, sont donnés aux élèves qui ont obtenu le premier et le second rang; les fonds sont fournis par quelques municipalités et par des particuliers.

Les *bibliothèques scolaires* ne se développent pas; on a généralement un médiocre goût de lire, et il n'y a d'ailleurs que peu de livres.

Les *bibliothèques pédagogiques* sont à la veille d'être établies dans tous les cantons. Les instituteurs, en souscrivant chacun une cotisation de 10 francs, ont réuni la somme de 4,000 francs, soit 140 francs par bibliothèque; les éditeurs de Paris et le ministère de l'instruction publique leur sont venus en aide.

Les *conférences pédagogiques* sont instituées; elles paraissent avoir été bien accueillies de tout le monde. Je vois avec plaisir que M. l'inspecteur d'Académie s'efforce d'entretenir par ces réunions le sentiment de la confraternité universitaire, et tout d'abord celui de l'équité mutuelle; il espère jeter au premier jour les fondements d'une société de secours mutuels.

ENSEIGNEMENT.

J'ai sous les yeux un tableau de classement des écoles selon leur degré de mérite, dressé par les soins de MM. les inspecteurs pour être présenté au conseil général. Je voudrais croire qu'il y a en effet 102 *très bonnes* écoles, 170 *bonnes*,

198 *assez bonnes* et seulement 121 *médiocres*, et qu'il n'y en a point de mauvaises; mais j'ai peur qu'une appréciation si favorable ne soit empreinte d'un optimisme qui n'est pas sans avoir des inconvénients. Ce qui me le fait croire, c'est que j'ai vu de mes yeux, à Dax et à Mont-de-Marsan, des écoles importantes que j'aurais peine à faire entrer dans l'une ou l'autre de ces catégories, et MM. les inspecteurs, avec qui je les ai visitées, m'ont avoué que beaucoup d'autres ne valaient pas mieux. Au reste, voici quelques détails précis.

A *Mont-de-Marsan* il y a une grande école laïque de garçons récemment substituée à une école congréganiste; elle compte 220 élèves au moins, tandis que l'école des Frères, devenue école libre, en a conservé 180. Comme le jour de ma visite était celui de la réouverture des classes, je n'ai pu me rendre exactement compte de l'état des quatre divisions. Les élèves de la division supérieure, que j'ai examinés, m'ont paru bien *engagés*, quoique peu avancés encore et mal affermis. Les cahiers (ceux de l'année dernière) sont bien tenus; les exercices sont judicieusement conduits: les devoirs dits *de style* sont corrigés avec soin par le maître *en son particulier*. L'analyse grammaticale se fait au tableau et non sur le cahier; le choix des livres de classe est bon; l'installation matérielle est très convenable. Enfin, si l'on considère que cette école est récente et qu'elle est partie, à ce qu'on m'assure, de fort bas, il est permis de croire que le directeur, un maître intelligent et ferme, réussira à en faire une école-modèle pour tout le département : c'est à quoi je l'ai vivement exhorté. La municipalité ne manquera pas d'établir sans retard une bibliothèque scolaire, et elle sentira aussi le besoin, je n'en doute pas, d'acquérir un jardin voisin pour y établir une cour spacieuse de récréation, à moins qu'elle ne préfère affecter à cet usage la plus grande partie du jardin bien clos du directeur. Il y aurait lieu aussi d'établir, pour les mauvais jours et la mauvaise saison, un préau couvert qui fût en rapport avec le grand nombre d'élèves.

Il y a à Mont-de-Marsan deux écoles laïques libres peu importantes. Les filles de la bourgeoisie fréquentent l'établissement des Dames de l'Immaculée-Conception, auquel est annexé le cours normal; j'ai le regret de ne pas le visiter, puisqu'il n'a pas encore rouvert ses classes. Quant à l'école communale populaire, tenue par les Sœurs de la Charité, elle compte environ 160 élèves; elle est bien installée, sauf le manque de cours de récréation. Les livres de classe nouvellement adoptés sont bons (Lavisse, Foncin). Les Sœurs enseignantes sont animées d'excellentes dispositions; mais elles ne me paraissent pas en état de donner une sérieuse éducation primaire, n'ayant ni brevet ni la culture pédagogique qui en pourrait tenir lieu. Les élèves de la 1re division, même celles qui en faisaient déjà partie l'an dernier, sont très faibles en tout et n'ont aucune habitude de réfléchir et de se rendre compte des choses. Encore faut-il ajouter que beaucoup d'enfants n'arrivent pas jusqu'à cette classe supérieure, et par suite ne jouissent même pas du minimum d'instruction passable qui s'y donne. La classe inférieure compte 75 élèves; ce nombre paraîtra d'autant plus excessif qu'il comprend environ 25 élèves de 9, 10, 11 ans tout à fait illettrées et qui viennent apprendre, durant un an environ, non pas même à lire et à écrire, mais à réciter mécaniquement le catéchisme. Cette éducation de perroquet, indigne d'une ville civilisée, est aussi préjudiciable à l'ensemble de la classe qu'aux enfants déshéritées qui la reçoivent; je l'ai retrouvée dans les établissements congréganistes de Pau, Bayonne, etc. Elle témoigne sans doute d'une grande abnégation chez les pauvres maîtresses chargées d'un tel soin; mais elle devrait être interdite sans réserve dans nos écoles publiques.

A *Dax*, l'*école-annexe de l'école normale* est assez bien dirigée en tant qu'école primaire, sinon comme noviciat pédagogique. A quelques pas de là, une grande école de la ville, tenue par les Frères et composée de près de 280 élèves, est d'une déplorable médiocrité. La division supérieure seule, ou plutôt une élite de cette division, est assez bien dirigée par un maître intelligent muni du brevet élémentaire; les autres sont très faibles. Celle des petits a 106 élèves; il faudrait un homme d'un rare mérite, pourvu de la meilleure éducation et d'une santé robuste, pour organiser en classe une semblable foule; mais au moins voudrait-on y voir régner des habitudes de propreté, de civilisation élémentaire, qui font défaut. Dans la classe au dessus, je vois pratiquer à outrance le système des copies : on va jusqu'à une quadruple édition de la même page. L'histoire et la géographie s'y réduisent à rien ou à fort peu de chose pour bon nombre d'enfants. L'intelligence est peu exercée; en revanche, il y a un déploiement abondant de moyens pour l'écriture et l'orthographe. Il est triste de penser que dans une ville riche et intelligente la majorité des fils du peuple reçoit une éducation si extérieure, si ncomplète, si stérile, et, pour tout dire, si indigente. La division supérieure, je le répète, composée d'environ 40 élèves de 11 à 14 ans, peut, à tout prendre, être qualifiée de satisfaisante. Je remarque seulement que l'enseignement de l'histoire, à en juger d'après des rédactions sur le 14 juillet 1790, sur Mirabeau, sur Richelieu, est animée d'un mauvais esprit. Ces rédactions sont pour la plupart copiées textuellement sur le livre de classe; elles forment d'ailleurs le principal exercice de style. L'arithmétique est la partie la plus, sinon la mieux cultivée; les élèves sont exercés au calcul, notamment au calcul mental, et quelques-uns effectuent *de tête* des opérations assez compliquées avec autant de sûreté que de promptitude. L'école ne présente pas d'aspirants au certificat.

L'école dite *supérieure* est en réalité une grande école primaire laïque de

170 élèves, avec une division supérieure. Le directeur est assisté de 3 maîtres adjoints. Il y a ici de fort bons éléments, des méthodes judicieuses, des livres de classe bien choisis et des maîtres brevetés, qui s'appliquent en général à leur tâche, corrigent les devoirs un à un, expliquent ou exposent les leçons à l'avance. Il n'a manqué peut-être qu'une assez ferme direction pour tirer tout le parti désirable de ces ressources. Le local est spacieux et bien aéré, à part la classe préparatoire, où se pressent les petits enfants. La cour est vaste; mais tout a un air sordide et presque délabré.

La division supérieure, à laquelle préside le directeur titulaire. n'a guère en propre que le programme de l'examen d'admission à l'école normale; on y ajoute pourtant 4 livres de géométrie pour les élèves qui se prépareraient à l'École des arts et métiers (il y en a 1), des éléments d'histoire ancienne, des leçons d'espagnol. L'enseignement des sciences n'est représenté que par le livre de lecture de Guyau. Un tiers environ des élèves répond fort convenablement sur l'histoire, la géographie, l'analyse, l'arithmétique. Les exercices de narration française et l'enseignement de l'histoire sont l'objet de soins peu communs. Quant à l'enseignement littéraire, il se réduit à des *morceaux choisis*, dictés et récités une fois par semaine, que l'on analyse successivement au point de vue de la grammaire, de la logique, du style. Tout cela, on le voit, compose un ensemble incomplet et assez peu homogène, mais qui a néanmoins sa valeur relative, et dont les résultats témoignent, à tout prendre, chez le directeur, M. Bouillerce, d'une sérieuse aptitude et d'un travail suivi [1].

La principale *école de filles*, subventionnée par la commune et confiée aux Sœurs de Saint-Vincent-de-Paule, compte 150 élèves. Ici l'instruction descend au plus bas degré. Deux sœurs enseignantes sur trois étant absentes (pour une retraite-mois de juillet), la classe inférieure (50 à 60 élèves) est abandonnée à une femme de garde et la classe moyenne est conduite par une sœur qui n'est au courant ni des exercices en usage ni de l'état des élèves. En bas, on passe le jour à lire dans un livre de piété, et quelle lecture! Point d'exercices au tableau noir, pas d'écriture: c'est vraiment le néant. Plus haut, on trouve des enfants de 9, 10 ans avec des élèves plus âgées, mais fort arriérées, venues d'autres écoles congréganistes de la ville qui sont encore inférieures, m'assure-t-on, à celle que je visite. Beaucoup de ces enfants se bornent, ou plutôt sont bornées à la lecture machinale, à l'écriture, à quelques exercices de copie, à l'étude du catéchisme et d'un petit livre de piété dont elles ne comprennent pas une ligne: on dirait des petites sauvages, frottées de pratiques religieuses et d'alphabet. D'autres vont un peu plus loin: elles appren-

[1] M. Bouillerce vient de donner sa démission; il est remplacé par un maître adjoint de l'école normale, M. Estrampes, qui saura, je l'espère, développer cette école comme elle le mérite.

nent un petit questionnaire qui contient en quelques pages tous les éléments des sciences humaines et divines: histoire sainte, grammaire, arithmétique, histoire de France, géographie : c'est la science mise en pilules; mais elles ne comprennent rien à ce qu'elles étudient, pas même au dernier problème d'addition qu'elles viennent de résoudre.

Enfin, la 1re division a à sa tête une personne intelligente, pleine de bonne grâce, mais non brevetée. C'est une bien pauvre classe d'élèves de 12 ans environ; mais enfin il y a ici figure de classe. J'y trouve un livre de lecture (celui de *l'abbé Daniel*), un livre d'histoire, etc. et de médiocres cartes de géographie. Quelques élèves des premiers bancs répondent passablement sur l'analyse grammaticale; d'autres, les plus nombreuses, arrivées récemment de la classe inférieure, n'y entendent à peu près rien. En histoire de France, on n'est pas allé fort avant et l'on n'a guère compris ce que l'on a vu. La géographie est très faible: l'orthographe seule avec l'écriture offrent des résultats plus satisfaisants.

Je remarque encore ici que la plupart des enfants quittent l'école avant d'avoir atteint cette haute division, pourtant si infime. Les Sœurs paraissent en avoir pris leur parti : «Les jeunes filles, disent-elles, restent trop peu; elles fréquentent irrégulièrement l'école; elles sont de pauvre condition et n'ont pas besoin de plus que ce peu d'instruction.» Soit! Mais, de grâce, Mesdames, dans ce peu faites luire un rayon d'intelligence!

Je n'ai pas visité l'école subventionnée des Dames de la Réunion (où il y a des pensionnaires et des demi-pensionnaires, c'est-à-dire des filles de condition moyenne) ni celle des Sœurs de la Croix. M. l'inspecteur primaire ne les met pas au-dessus de la précédente.

Je ne vous parlerai pas, Monsieur le Ministre, de l'arrondissement de Saint-Sever, sur lequel j'ai recueilli, de la bouche de M. l'inspecteur, les renseignements les plus circonstanciés, mais que je n'ai pas visité moi-même. Le progrès se fait, m'assure-t-on, mais lentement: il se fait surtout chez les instituteurs laïques. On me signale entre autres l'école de M. Mongelous, à Amou. Quant aux institutrices laïques, elles l'emportent, au point de vue de l'enseignement, sur les congréganistes; mais l'expérience et le savoir pédagogiques leur manquent. On mentionne l'école d'Amou comme une des meilleures que dirigent les religieuses.

Le cours normal des filles était encore en vacances au moment de mon passage. Le conseil général a émis un vote favorable à la prochaine création d'une école normale d'institutrices; on cherchera à s'associer pour cet objet à l'un des départements voisins.

Au total, le département des Landes reste encore fort en arrière. L'instruction des filles, en particulier, est déplorablement négligée. Je ne dois pas oublier de dire que le nombre des *illettrés*, filles ou garçons, étrangers à toute éducation, est plus considérable ici qu'ailleurs.

Il appartient à M. l'inspecteur d'Académie plus qu'à tout autre d'améliorer sensiblement en peu d'années l'état général que je n'ai fait qu'esquisser. Il y a déjà mis ses soins; il y mettra son honneur, et l'administration supérieure ne lui ménagera pas son concours.

Agréez, etc.

FÉLIX PÉCAUT,

Délégué à l'inspection générale de l'enseignement primaire.

CONCLUSION.

MONSIEUR LE MINISTRE,

Vous m'avez demandé de vous présenter, en manière de conclusion des rapports qui précèdent, un aperçu d'ensemble où j'exposerais avec une entière franchise mes impressions sur l'état général de l'enseignement primaire. Quelque difficulté que présente une semblable tâche, j'essaye de me conformer à votre désir, en vous soumettant les simples notes que vous allez lire. Elles contiennent un certain nombre d'observations d'un caractère général, qui auraient pu figurer dans chacun de mes rapports spéciaux. Je les consigne ici, telles que je les ai recueillies au jour le jour, sans prétendre d'aucune façon en composer un jugement complet sur l'ensemble ou sur une partie de notre instruction primaire, et encore moins tracer un système de réformes.

Une chose m'a frappé entre toutes : c'est que l'enseignement primaire, malgré les progrès incontestables des dernières années, ne paraît pas avoir de forte prise sur les mœurs publiques, sur le tempérament intellectuel et moral du pays. Il est vrai que les programmes vont se complétant : l'histoire, la géographie, les notions de sciences naturelles, le dessin, la rédaction française y prennent successivement place; les méthodes se perfectionnent : elles substituent la parole vivante du maître à la lettre rigide du livre, et le travail personnel de l'élève au simple effort de la mémoire. Ce mouvement remarquable, qui non seulement atteint, mais dépasse en étendue et en profondeur celui de 1833, gagne peu à peu tous les maîtres que l'âge ou une incurable médiocrité ne condamne pas à l'inertie.

Mais je remarque :

1° Qu'il y a dans la plupart des écoles peu de résultats précis et définitifs, en fait de savoir acquis. La méthode d'enseignement, en devenant plus spirituelle, en diminuant les inutiles devoirs écrits et la récitation mécanique au profit de l'exposition orale, laisse passer les faits, les règles, les idées à travers l'esprit, comme à travers un gros crible. On s'aperçoit que l'élève a beaucoup entendu, beaucoup appris, qu'il a une teinture de tout; mais il sait peu de choses de manière à en tirer profit. C'est qu'en effet il y a une appropriation nouvelle à créer pour le principe pédagogique nouveau. Il y a des procédés rigoureux à employer pour fixer et en quelque sorte consolider les leçons, par exemple, des épreuves quotidiennes, hebdomadaires, mensuelles de récapitulation orale ou écrite; enfin une juste part à réserver à la mémoire et à la répétition.

2° L'esprit des élèves les plus avancés n'est pas muni de notions générales, propres, en quelque mesure, à devenir des principes dirigeants de la pensée et de la vie. Ainsi en histoire, en géographie, en langue française, ce sont des faits qui viennent du dehors enrichir la mémoire et meubler l'intelligence, mais qui, faute d'un travail d'élaboration convenable, n'acquièrent que peu d'influence pratique.

3° Notre instruction primaire ne réussit pas encore à instituer des habitudes nouvelles ou à modifier sensiblement les anciennes, pas plus les habitudes d'hygiène ou de propreté corporelle, les mœurs domestiques ou sociales, que la manière de raisonner des choses et d'en juger. Le maître d'école, je parle des meilleurs, se borne à être professeur, non éducateur : son action s'arrête à la surface de la nature humaine, elle ne pénètre pas à cette profondeur où se forment les principes déterminants de l'intelligence, du cœur, de la volonté. Aussi n'y a-t-il pas lieu de s'étonner du peu de résultats appréciables qui persistent au bout de quelques années, soit que l'on regarde au savoir, soit que l'on regarde aux règles de conduite et d'opinion. On peut observer le fait, à la fois sur la génération des écoles de 1833 et sur celle qui croît sous nos yeux depuis une douzaine d'années.

Je n'ai garde d'en accuser le mauvais vouloir des instituteurs. Beaucoup d'entre eux pourraient, sans doute, enseigner avec plus de zèle, prendre plus de peine, donner plus de leur temps, de leur esprit, de leur cœur. Mais la vérité est qu'ils ne sont pas eux-mêmes convenablement préparés à ce haut office de l'éducation proprement dite; ils ne dépassent pas la zone de l'instruction, d'une instruction de plus en plus abondante, mais mal assimilée, et qui ne saurait devenir un ferment d'activité intellectuelle et morale.

A cela il convient d'ajouter, si l'on veut être équitable, que la tâche des maîtres primaires est infiniment plus difficile que celle des maîtres, même inférieurs, de l'enseignement secondaire. Ils ont affaire au peuple, c'est-à-dire à tout le monde, à tous les individus, aux disgraciés de la nature comme aux intelligents, à toutes les conditions sociales, et non pas seulement à une classe d'élite ayant le loisir et les moyens de s'instruire. Ils sont aux prises avec tous les obstacles qui résultent de cette universalité même : pauvreté, ignorance héréditaire, éducation de famille souvent défectueuse, vicieuse ou relâchée, mauvaise santé, inassiduité opiniâtre, défaut de concours de la part des autorités ecclésiastiques et civiles, etc. etc. Les plus rudes courages s'usent dans cette lutte quotidienne qui n'a point de terme, où l'on a peu de témoins et d'encouragements, et où l'on est toujours sûr de compter beaucoup d'échecs pour quelques succès.

Ces circonstances explicatives et atténuantes n'ôtent rien à la gravité du résultat que je signalais. Si nous voulons que l'instruction primaire remplisse l'office moral, politique, social, dont elle seule peut s'acquitter auprès de l'immense majorité de nos concitoyens, il faut nous proposer pour but principal dans toutes nos réformes, moins de multiplier les connaissances que de fonder les saines et fortes habitudes intellectuelles et morales. Je ne crains pas de dire que l'enseignement congréganiste, si vicieux dans sa direction générale, nous donne à cet égard des indications bonnes à recueillir : il excelle tout ensemble à « donner le pli », à dresser la machine humaine et à fixer les résultats de l'instruction; il a ses procédés multiples et bien concertés, ses questionnaires, ses résumés, ses épreuves, ses concours, en un mot sa discipline. Cette discipline, il est vrai, est d'autant plus efficace que l'idéal où elle tend est vulgaire et superficiel. Nous autres, séculiers et libéraux, qui professons le respect de l'intelligence, de la liberté et de la conscience humaines, nous avons à inculquer à nos élèves, qu'ils soient issus du peuple ou des classes riches, des goûts, des manières de penser, de sentir et d'agir conformes à nos principes. Nous avons à les former, par l'instruction et par la pratique habituelle, au viril exercice de la responsabilité personnelle. Régler la pensée d'après la vérité, non d'après la coutume, et la vie selon le devoir, non selon l'intérêt prochain ou selon des prescriptions arbitraires, quelle autre sagesse leur enseignerions-nous, et comment nous dispenser de leur enseigner celle-là?

Ne craignons donc pas de *perdre* chaque jour du temps, beaucoup de temps à fonder, au moyen de toutes les leçons et de tous les exercices : d'une part, des habitudes de propreté corporelle, d'ordre, de respect de soi, de justice, de bienveillance mutuelle; et de l'autre, des habitudes de pensée lucide, claire, précise, de droit et ferme jugement. Notre erreur ordinaire, à nous qui voulons instituer en chaque enfant un homme libre, c'est-à-dire clairvoyant et fort, c'est de ne pas assez tenir compte de la *machine*. L'instruction n'agit qu'à la condition de se transformer en un « état » de l'intelligence, du caractère, du sentiment, de l'imagination, du corps même. Et cette transformation ne s'opère qu'au prix d'efforts patients, quotidiens, combinés avec art.

Ce que je dis de nos écoles de l'enfance doit s'entendre aussi de nos écoles d'adultes. On constate partout qu'elles produisent un médiocre résultat, et je n'ai pas besoin de répéter ici les raisons, toutes également bonnes, qu'on en donne. Mais je fais seulement observer que le mal consiste encore moins dans le peu de savoir qu'acquièrent les jeunes gens que dans le peu d'habitudes régulatrices de l'esprit et de la vie qu'engendre ce peu de savoir. Les leçons ne servent tout au plus qu'à fournir aux meilleurs élèves un utile instrument pour écrire et calculer :

ce qui, sans doute, est fort à priser; mais elles ne donnent ni le goût de lire et de s'instruire, ni des notions générales, justes et bien arrêtées sur l'histoire nationale, l'hygiène, les lois naturelles, ni surtout de fermes habitudes de penser et de juger qui puissent régler ultérieurement la vie. D'où il suit que les réformes à entreprendre, dans ces classes comme dans les classes primaires, ne doivent pas tant avoir en vue les programmes que l'esprit dans lequel on les applique. Il faut restreindre résolument la quantité, afin de perfectionner la qualité. Il faut viser à des résultats moins étendus et plus réels; il faut, en un mot, simplifier, pour pénétrer plus profondément dans l'âme de l'enfant. Hors de là, il n'y a que culture d'apparence, infructueuse et éphémère : il n'y a point d'éducation.

ÉCOLES NORMALES.

C'est dans ce sens qu'à mon avis, il conviendrait de diriger l'enseignement théorique et pratique de nos écoles normales. Qu'on se défende de la tentation d'agrandir démesurément les programmes : quoi qu'on fasse, ils resteront toujours infiniment en deçà des limites actuelles de la science; mais que toutes les parties soient enseignées de manière à tremper fortement l'esprit et à le rendre capable de se développer ultérieurement par lui-même.

Je remarque, à ce propos, que la culture esthétique a été jusqu'à présent trop subordonnée, dans nos écoles normales, à la culture mathématique ou grammaticale, c'est-à-dire abstraite et formelle, et que ce manque d'équilibre retentit ensuite dans tout l'enseignement primaire. Il en résulte que nos élèves-maîtres, issus presque tous du peuple rural, et apportant, avec les précieuses qualités du paysan, son esprit exclusivement tourné à l'utilité sensible, au profit prochain et calculable, sont poussés, ainsi que plus tard leurs élèves, dans le sens où ils penchent naturellement. Les problèmes «d'intérêt», les questions de pur raisonnement, sont leur triomphe, avec l'orthographe et la grammaire : toutes choses où le jugement libre et le sens du vrai trouvent peu à s'exercer. De là cette rigidité, cette sécheresse, cette stérilité de savoir qu'on reproche souvent, non sans raison, à nos maîtres d'école, et qui les empêchent d'être, au sens élevé du mot, des instituteurs de l'intelligence et du caractère. Leur éducation n'est pas, si j'ose ainsi parler, assez libérale, c'est-à-dire assez profonde et assez personnelle; il est vrai qu'ils savent plus de choses que leurs devanciers; même il est juste d'ajouter qu'ils les comprennent, et l'on peut être à peu près assuré qu'ils les transmettront aussi exactement qu'on les leur a apprises. La *vie* seule fait défaut, ou du moins elle n'abonde pas; leur sens intellectuel et moral, insuffisamment éveillé et exercé, fléchit sous la charge des connaissances acquises; faut-il s'étonner qu'ils soient plus tard peu propres à communiquer l'impulsion, le libre mouvement, les fermes allures qui leur sont étrangères à eux-mêmes? Songez, par exemple, qu'ils n'ont pas eu, à l'école, le loisir de faire des lectures personnelles d'histoire, de littérature, de morale, etc.; les professeurs n'ont pas davantage le temps ni l'art d'engager avec eux des entretiens familiers et stimulants; l'examen du brevet domine tout. Comment espérer qu'ils contracteront dans l'isolement et le laisser-aller du village l'habitude du travail personnel?

Je voudrais donc qu'un moment fût réservé chaque jour, et des heures entières le dimanche, à la lecture libre d'ouvrages de littérature, d'histoire, de géographie, de morale, de sciences; et que chaque semaine, le dimanche, par exemple, le directeur présidât à une séance de lecture en commun, où chacun serait invité à émettre ses réflexions, lesquelles subiraient le contrôle de tous.

Je voudrais aussi que les élèves-maîtres, en quittant l'école normale, emportassent avec eux une liste de vingt ou trente volumes, dressée avec soin par le directeur, de concert avec les professeurs, qui leur servît de guide pour la formation de leur bibliothèque privée. Un instituteur qui a la bonne pensée de se munir, dans les premières années, d'un certain nombre d'ouvrages choisis avec discernement, et qui s'abonne en outre à une feuille pédagogique, est un homme à peu près sauvé pour l'avenir.

Les épreuves pratiques de pédagogie commencent à s'établir dans nos écoles normales. On commence à comprendre que l'apprentissage de deux ou trois semaines par an dans l'école annexe, souvent sans direction, sert de peu et vaut à peine le temps perdu, s'il n'est accompagné d'exercices de leçons préparés à l'avance par les élèves-maîtres, présidés par le professeur de pédagogie, et couronnés par une leçon-modèle que donnerait le professeur lui-même. De ce côté, il y a presque tout à faire, et l'on s'y applique déjà; mais n'oublions pas que l'enseignement pédagogique le plus efficace sera toujours celui qui résulte de l'ensemble de l'éducation et non des leçons spéciales. Que l'élève-maître apprenne de tous ses professeurs à voir clair, à juger par lui-même, à ne pas se contenter d'*à peu près* ou de formules, à observer avec méthode, à conclure avec circonspection, à s'exprimer avec netteté, et l'on peut être sûr d'avance, qu'après les tâtonnements inévitables de la première heure, il deviendra un bon pédagogue. Gardons-nous de faire de l'art de l'éducation un art trop spécial : il a sans doute ses règles, ses procédés, sa tradition; mais il a surtout son principe intérieur de vie qui se confond, ainsi que je le disais plus haut, avec le libre mouvement d'un esprit sain et bien cultivé.

MAÎTRES ADJOINTS.

La situation des *maîtres adjoints*, dans les écoles normales, deviendra de plus en plus difficile à régler. A mesure que, par des exigences croissantes d'examens et de concours, d'ailleurs très justifiées, on arrive à faire d'eux des professeurs, il leur en coûte davantage de rester des surveillants. Leur répugnance à l'égard de cette partie de leurs fonctions, et surtout de celle qui concerne le dortoir, n'a rien de surprenant; elle se comprend surtout de la part de chefs de famille. Il faudra trouver sans retard un moyen d'exempter du service de nuit les maîtres mariés, si l'on ne veut pas écarter de l'école normale des hommes très méritants. Quant aux célibataires, c'est chose désirable et tout ensemble praticable de diminuer d'une manière sensible les désagréments du dortoir; il n'y a qu'à leur ménager une chambre, une vraie chambre, ouvrant par une large porte sur le dortoir, ainsi que cela se pratique déjà dans certaines écoles, par exemple dans celle de Monbrun (Agen).

De plus, il n'y a point d'inconvénients, il y a plutôt des avantages, à réduire la surveillance de jour, soit dans la salle d'étude, soit dans les récréations, à un contrôle régulier, mais non incessant et immédiat. Il est bon pour l'éducation morale de nos jeunes gens de troisième année, destinés à avoir à bref délai charge d'âmes, non seulement d'être exercés au gouvernement d'eux-mêmes, sous une direction supérieure, mais aussi d'être responsables du maintien de l'ordre parmi leurs camarades de deuxième et de première année, soit dans la cour, soit dans la salle commune de travail. Le maître adjoint de service ne serait pas pour cela, je le répète, déchargé de sa surveillance, mais il pourrait l'exercer de plus loin et d'une manière intermittente. Avec les dispositions ordinaires, avec celles qui animent nos élèves-maîtres, notamment ceux de troisième année, avec les prises de toute sorte que l'Administration a toujours sur eux, il est possible à un directeur, doué de quelque tact et d'une certaine autorité morale, de simplifier beaucoup le service des maîtres adjoints. Je ne ferais des réserves que pour les promenades, où il faut éviter le moindre écart et ne donner aucun prétexte à la malignité publique.

INSPECTEURS.

Les inspecteurs primaires forment dans l'Université une des classes les plus dignes de respect : investis de fonctions délicates et complexes, et disposant d'une autorité bien restreinte; chargés d'une responsabilité très étendue, ayant à vaquer à la fois à l'enseignement et à l'administration, et aujourd'hui plus que jamais appelés à transmettre et à vulgariser les plus hautes inspirations pédagogiques et patriotiques, à leur donner un corps, à les faire passer dans la réalité, c'est-à-dire dans l'esprit et dans les mœurs populaires. Ils ont à parlementer sans cesse au nom de l'État avec les maires, les conseils municipaux; ils doivent maintenir leur dignité professionnelle et l'indépendance de leurs subordonnés contre toute sorte d'exigences injustes. Les inspecteurs formeront de plus en plus le rouage principal de notre organisation scolaire. De là la nécessité : 1° de les bien choisir, en écartant les candidats médiocres d'esprit ou de caractère; 2° de les déplacer le moins possible, et seulement après qu'ils ont accompli une œuvre appréciable; 3° de pourvoir à ce que leur propre éducation ne soit jamais interrompue, et qu'ils aient toujours l'esprit au-dessus de leur besogne.

C'est à l'inspecteur d'Académie qu'échoit en particulier ce dernier soin. C'est à lui de tenir en haleine ses collaborateurs, de les réunir fréquemment, et non pas d'ordinaire au chef-lieu, mais de préférence dans la circonscription de l'un d'eux, sur le champ d'expériences; de les associer à un dessein commun, de les pousser à l'étude personnelle non moins qu'à l'accomplissement exact de leurs devoirs de profession.

Nous n'en sommes pas là. Les inspecteurs primaires sont encore, dans maints départements, des *disjecta membra.* Ils vont chacun leur chemin. L'isolement, qui cesse peu à peu pour les instituteurs, n'a pas cessé pour eux. Il faut leur savoir gré de tout ce que, réduits à leurs propres forces, ils conçoivent et exécutent de bon; mais il ne faut pas s'étonner qu'ils exercent une action peu profonde et peu appréciable sur la marche générale de l'instruction primaire. Ils ne sont ni assez stimulés et encouragés, ni assez dirigés. J'ajoute que leurs tournées me semblent en général organisées d'une façon défectueuse, et que, combinées avec l'inspection par correspondance (examen des cahiers de classe envoyés par la poste) et avec les conférences *pratiques*, elles pourraient embrasser chaque année la totalité des écoles.

INSPECTION GÉNÉRALE.

C'est, je crois, le vœu de la plupart des maîtres de nos écoles normales et de nos principales écoles primaires, que le même inspecteur général visite deux années de suite sa circonscription. Ce vœu me paraît mériter un sérieux examen. Quel autre moyen y aurait-il d'exercer une action efficace sur l'enseignement? Comment s'assurer que les conseils ont été suivis, que les réformes entreprises n'ont pas été interrompues, que les défaillants se sont ranimés? Je voudrais du moins que l'inspecteur général fût à même de parcourir rapidement une seconde fois les écoles normales de son ressort, au commencement de novembre par exemple, afin de veiller à ce que la campagne scolaire s'ouvre sous les meilleurs auspices. Deux semaines environ suffiraient pour visiter six écoles et pour donner le mot d'ordre aux inspecteurs primaires réunis.

Permettez-moi, Monsieur le Ministre, d'ajouter quelques observations sur l'*enseignement* même :

D'une manière générale, il manque de mordant, de vigueur, d'autorité. Ce défaut est déjà sensible chez beaucoup de maîtres adjoints de nos écoles normales : à plus forte raison chez les maîtres primaires. On dirait qu'ils ne se meuvent pas à l'aise dans les matières de leur programme, qu'ils n'en savent que juste ce qu'ils en enseignent ou qu'ils ne connaissent qu'une voie entre toutes celles qui peuvent conduire à l'esprit de l'élève. Pourquoi n'ajouterais-je pas aussi qu'un certain nombre d'instituteurs réduisent à la plus stricte mesure leur devoir professionnel? Ils ne comprennent pas toujours qu'ils ont à justifier devant les populations rurales et le clergé, par un redoublement de zèle, la situation pécuniaire et morale fort améliorée qu'on leur a faite, et qui excite plus d'un murmure dans nos campagnes.

Il est certain, par exemple, qu'on le prend trop à l'aise avec la correction des devoirs écrits, et en particulier des devoirs de style. On se contente d'en faire lire quelques-uns en classe, de saisir au vol les grosses fautes, d'avertir que cela est mal dit et qu'il aurait fallu dire de telle façon, et voilà tout. C'est en dehors de la classe, dans les heures de la soirée ou de la matinée, que l'instituteur doit corriger les principales tâches écrites, en les annotant en détail et une à une. L'erreur serait grande à lui de penser qu'avec les six heures réglementaires de classe, il a satisfait pleinement à ses obligations envers l'État, la commune, les familles. La profession d'instituteur rapportera d'année en année plus d'honneur et de profit, mais au prix d'un travail plus prolongé et plus intense.

Je regrette que les *leçons de choses*, une des plus heureuses innovations de notre temps, restent en grande partie infructueuses, faute d'un plan d'ensemble arrêté à l'avance par le maître, faute d'une préparation quotidienne assez sérieuse, et enfin parce qu'elles ne s'appuient presque nulle part sur une modeste collection d'objets réels. Les musées scolaires ne se développent que lentement. Quoi de plus facile pourtant que de recueillir tout près de chez soi, chez l'épicier, le pharmacien, le grainetier, le droguiste, dans les champs et les jardins, les éléments d'une collection utile? Je voudrais qu'aucune leçon de choses ne se donnât sans l'aide d'un objet : blé, sel, poivre, café, coton, lin, etc., dans leurs transformations diverses; que le journal de classe tînt note à la fois du sujet de la leçon et des spécimens montrés; et que, dans l'armoire réglementaire, l'inspecteur pût voir les spécimens déjà utilisés et ceux que l'on destine aux leçons prochaines. Que faut-il pour cela? Un peu de soin et nulle dépense. Le département du Gers m'a offert de charmants exemples de ces musées utiles; je me borne à en citer un, des plus simples et des plus pratiques, celui de Villecomtal.

Je ne dirai rien de l'*orthographe*, sinon que les dictées continuent d'être démesurément longues, qu'elles occupent une place trop distincte, tandis que d'autres devoirs écrits pourraient en tenir lieu; ni de l'*analyse grammaticale*, sinon que la réaction légitime contre les exercices écrits dépasse quelquefois la mesure, et que les exercices oraux, bien qu'excellents en principe, ne peuvent suffire, si le profit n'en est en quelque sorte consolidé par des exercices écrits; ni de l'*analyse logique*, sinon qu'elle est tombée dans un injuste discrédit, et que la décomposition de la pensée en ses divers membres, rangés dans leur ordre rationnel, devrait être de bonne heure inséparable de la leçon de lecture et devenir comme une habitude instinctive chez les enfants.

J'aime mieux insister un peu plus sur la *composition française*. C'est généralement une lettre ou une narration reproduite d'un texte lu en classe ou *inventée* d'après un simple canevas.

Cette partie du programme prend une place de plus en plus importante dans nos écoles: elle coûte le plus de peine à nos maîtres, et, à les entendre, elle leur donne le moins de résultats. Il n'y a pas lieu d'en être surpris : cela tient en partie, sans doute, à ce qu'eux-mêmes sont mal préparés à donner cet enseignement : ils y avancent d'un pas mal assuré et comme dans les ténèbres; ils n'ont pas de méthode certaine, de tradition consacrée, d'instruments éprouvés. Jusqu'à présent ils n'ont cherché à tirer presque aucun profit de la récitation des bons auteurs; ce dernier exercice est très négligé, irrégulier, et le choix des morceaux est livré à la fantaisie; aussi ne sert-il ni à former le goût, ni à cultiver le sens moral, ni même à grossir le vocabulaire français, si indigent chez les élèves de nos provinces méridionales. — De plus, les maîtres n'observent aucun ordre de gradation méthodique dans le choix des sujets; on passe d'un thème très aisé, banal, souvent puéril, à un autre qui réclamerait un esprit mûr. Ils négligent souvent de faire précéder le devoir écrit d'une élaboration orale bien conduite. Enfin, ils ne donnent pas, ainsi que je l'ai dit plus haut, des soins rigoureux à la correction individuelle des devoirs; au lieu de les annoter discrètement, d'inviter les élèves à étudier ces indications pour en rendre compte en classe, de prescrire quelquefois, à la suite de ces éclaircissements, une nouvelle édition du même devoir, ils se contentent d'une revue sommaire, qui ne laisse aucune trace profonde dans l'esprit. Enfin il est rare qu'ils exercent les élèves, dès la classe inférieure, à reproduire en quelques lignes, en une demi-page, une page au plus, un récit familier, présenté par le maître lui-même, tel que la description d'un simple phénomène naturel, ou seulement une simple explication d'histoire, d'arithmétique, de langue. Certes nous savons bien que, même avec l'emploi combiné de tous ces moyens auxiliaires, on n'arrivera que lentement à un résultat appréciable, puisqu'en définitive ce que l'on poursuit ici n'est pas seulement affaire de mots, de formes, de correction grammaticale, mais se rapporte aux qualités essentielles de l'esprit : la justesse des idées, la clarté, l'ordre, la précision, la propriété des termes, etc. Qu'y a-t-il donc à attendre d'un défaut presque complet de discipline, de procédés réguliers, de corrections attentives?

ÉDUCATION MORALE.

J'ai parlé ailleurs (écoles de Bordeaux) des secours que nous devons demander aux chefs-d'œuvre de notre littérature, à la poésie surtout, pour l'éducation morale. Si le sens moral et religieux consiste surtout dans l'hommage de respect, de soumission, rendu à meilleur que soi, à l'idéal, au bien, et en dernière instance à l'Être parfait, quoi de plus propre à l'éveiller que de faire appel au sens de l'admiration pour ce qui est beau : beau de pensée, de sentiment, de forme, d'ordre; pour tout ce qui, en dépassant notre niveau vulgaire, nous sollicite à sortir de nous-mêmes et à monter plus haut. Reconnaissons ici une lacune immense, que je me borne à indiquer : la religion officielle, dogmatique se retire de nos écoles, et rien encore ne vient tenir sa place; la morale ne fait que d'apparaître sur le seuil; l'art, sous ses diverses formes, mais en particulier sous la forme éminemment éducatrice de la poésie, ne remplit à aucun degré son office de haute culture. Le chant même, le chant choral, qui a toujours été l'instrument par excellence de l'éducation religieuse, morale, patriotique, n'existe pour ainsi dire nulle part dans nos écoles du sud-ouest.

Il va sans dire que ce n'est pas à l'instituteur ni même à l'inspecteur primaire qu'il faut demander des réformes si complexes et si délicates : elles doivent venir de l'école normale, où elles ne sont pas même à l'ordre du jour. En tout cas, disons-nous bien que dans la crise difficile où sont aujourd'hui engagés les peuples européens, l'influence de l'Église déclinant et les anciennes habitudes de famille s'affaiblissant, une très grande partie du peuple ne peut guère attendre que des écoles primaires le viatique moral indispensable à ses enfants. C'est là une responsabilité redoutable, dont il ne nous est possible de nous décharger sur personne; mais un tel office, je le répète, suppose chez les maîtres une éducation préalable qui n'est qu'ébauchée, avec des *moyens d'action*, livres, procédés, etc. qui sont encore incomplets ou mal éprouvés.

HISTOIRE.

Je ne dirai que deux mots sur cet enseignement. On insiste partout, et avec raison, pour que les maîtres exposent eux-mêmes d'avance la leçon; toutefois il convient, ce me semble, de mitiger cette exigence et de s'en tenir au possible. Le possible, dans la plupart des cas, c'est que l'instituteur lise le texte du livre de classe (Lavisse, Grégoire, Foncin, Ducoudray, Magin, Brouard ou tout autre) et qu'il ajoute, *viva voce*, des explications préparées avant la classe. Cela dit, j'ajoute que les résultats sont encore peu satisfaisants, au moins chez le très grand nombre des élèves; ils le seraient, je crois, davantage si l'on avait soin de récapituler souvent et d'apprendre par cœur un bref résumé. Il ne faut pas que la réaction contre l'abus de la mémoire aille jusqu'à nous priver de l'usage de cette précieuse faculté. Il ne serait pas non plus inutile que le maître composât lui-même deux tableaux chronologiques, très succincts : l'un de 25 ou 30 dates et faits principaux, à l'usage de la 1re classe; l'autre de 10 ou 12 dates et faits pour la 2e division, qu'il aurait soin d'écrire en gros caractères et de placarder au mur sous les yeux de tous. Ces tableaux, auxquels on adresserait chaque jour les élèves, une fois bien gravés dans la mémoire, leur fourniraient des points de repère pour s'orienter dans leurs lectures et des cadres précis pour y emmagasiner les faits dans un ordre suffisant.

ÉCOLES PRIMAIRES SUPÉRIEURES.

J'ai dit plus haut (voir surtout le rapport sur les Basses-Pyrénées) ce que je pense de nos écoles primaires supérieures; elles se multiplient au hasard, et l'enseignement s'y donne sans plan régulier. Ni les directeurs (presque tous brevetés du degré supérieur), ni les inspecteurs primaires, ni les inspecteurs d'Académie ne savent trouver leur voie en cette question; je devrais plutôt dire qu'ils ne la cherchent pas. On repasse le programme de la 1re classe primaire; on étudie l'orthographe, la grammaire, la géographie et l'histoire de France, l'arithmétique; on y ajoute deux, quatre, six, sept livres de géométrie, des notions de sciences naturelles et des exercices de style. Tout cela est bon, mais il n'y a pas là trace d'une éducation régulière. La partie littéraire notamment est fort négligée. L'histoire ancienne et l'histoire moderne (en dehors de l'histoire de France) n'occupent pas la place, restreinte mais régulière, qui leur appartient. Les observations que j'ai présentées plus haut sur l'action peu profonde de l'enseignement primaire trouveraient ici leur pleine application.

Il faudra se décider à introduire dans ce chaos un peu d'ordre, à arrêter des programmes assez simples pour s'approprier aux besoins locaux, à exiger des maîtres un brevet spécial, ou plutôt à introduire dans l'examen du brevet supérieur des épreuves théoriques et pratiques spéciales qui témoignent de l'aptitude supérieure des maîtres. — Je n'aborde pas ici la question de savoir s'il convient de constituer une école supérieure *complète* dans chaque canton, ou s'il suffirait d'en créer une ou deux dans chaque arrondissement et d'encourager dans les divers cantons l'établissement d'une *première année supérieure* qui acheminerait, par les voies régulières du programme officiel, aux cours de 2e et 3e années, organisés dans l'école supérieure complète.

Je signale, en passant, le préjudice grave que beaucoup d'écoles supérieures causent aujourd'hui aux écoles élémentaires en recevant des enfants d'un âge inférieur à douze ans et non munis du certificat d'études, c'est-à-dire presque tout le personnel des élèves de la 1re division. C'est un abus qui découragerait nos maîtres, s'il venait à s'établir; mais il sera facile de le réprimer lorsque l'Université aura pris en mains la direction effective de ce mouvement.

Je termine, Monsieur le Ministre, par une brève considération. Si l'on veut que notre état démocratique ne soit pas, comme le disent ses détracteurs, un régime de médiocrité d'esprit, de vulgarité des caractères, c'est-à-dire de décadence, mais plutôt un régime de rajeunissement social, il n'y a pas de temps à perdre : il faut à tout prix joindre, mieux que nous n'avons su le faire jusqu'à présent, à l'instruction l'éducation. Or cette éducation réclame des principes, des méthodes, des livres, des procédés et surtout des maîtres bien préparés. J'ai la persuasion que l'œuvre, ainsi envisagée, n'est pas impraticable à l'esprit laïque; mais il n'y a point d'illusion à se faire : elle est immense, elle est ardue, et, quels que soient les efforts déjà tentés et les résultats obtenus, on serait tenté de croire que nous y avons à peine mis la main.

Félix PÉCAUT,
Délégué à l'inspection générale de l'enseignement primaire.

Octobre 1880.

Imprimerie Nationale. — Novembre 1880.

www.ingramcontent.com/pod-product-compliance
Ingram Content Group UK Ltd.
Pitfield, Milton Keynes, MK11 3LW, UK
UKHW020255220726
13923UKWH00002B/929

9 782019 169725